U0566376

隐形冠军 2

新时代、新趋势、新策略

[德] 赫尔曼·西蒙（Hermann Simon） 著

雷李楠 译

HIDDEN
CHAMPIONS
IN THE
CHINESE
CENTURY

ASCENT AND TRANSFORMATION

机械工业出版社
CHINA MACHINE PRESS

北京市版权局著作权合同登记　图字：01-2022-6976 号。

图书在版编目（CIP）数据

隐形冠军 . 2，新时代、新趋势、新策略 /（德）赫尔曼·西蒙（Hermann Simon）著；雷李楠译 . —北京：机械工业出版社，2023.10

书名原文：Hidden Champions in the Chinese Century: Ascent and Transformation

ISBN 978-7-111-73752-0

Ⅰ.①隐… Ⅱ.①赫…②雷… Ⅲ.①中小企业 – 企业管理 – 经验 – 世界 Ⅳ.① F279.1

中国国家版本馆 CIP 数据核字（2023）第 161887 号

机械工业出版社（北京市百万庄大街 22 号　邮政编码 100037）

策划编辑：刘　静　　　　　　　　　责任编辑：刘　静
责任校对：牟丽英　刘雅娜　陈立辉　责任印制：张　博
保定市中画美凯印刷有限公司印刷
2023 年 11 月第 1 版第 1 次印刷
170mm × 230mm · 18.5 印张 · 1 插页 · 218 千字
标准书号：ISBN 978-7-111-73752-0
定价：89.00 元

电话服务　　　　　　　　　网络服务
客服电话：010-88361066　机　工　官　网：www.cmpbook.com
　　　　　010-88379833　机　工　官　博：weibo.com/cmp1952
　　　　　010-68326294　金　书　网：www.golden-book.com
封底无防伪标均为盗版　　　机工教育服务网：www.cmpedu.com

赫尔曼·西蒙教授新著的这本书由机械工业出版社正式出版，是一件很值得庆贺的事。1990 年 9 月，他在一份德国出版物上首次提出"隐形冠军"的概念。如今这一概念在政治、商业、新闻和文学、教育和学术研究领域引起了广泛而持续的关注。赫尔曼·西蒙教授出版的 40 本著作被译为 30 种语言在全球范围内传播，他被誉为世界"隐形冠军"之父，是自 2005 年以来德语地区最负盛名的当代管理大师，也是唯一入选全球Thinkers50 名人堂的德国人，在 *Cicero* 杂志 500 位最重要的学者中名列前 100 位，其思想的影响范围远远超出德国。

赫尔曼·西蒙教授具有超越国界的情怀，对中国有着深厚的感情，自称中国为"第二故乡"。他在自传《全球化之旅》中提到 20 岁之前，他生活在一个小村庄，那是他人生的第一个世界。后来的 50 多年，他的人生舞台变成巨大而广袤的世界，他称之为全球化时代的世界。"两重世界，一种人生"，表达了他的个人感受。他在职业生涯的前几十年，主要关注的是西方世界。20 世纪 80 年代访问日本后关注点开始转向东方，他说："中国让我越来越有兴趣，对我越来越重要，成为我迟来的爱。"

本书以全球化的视野和战略思维，对隐形冠军形成和发展的时代背景、历史条件、经济环境、资源禀赋、市场结构、创新能力、人文要素及各国企业的差异等方面进行了全方位的综合分析，深化和丰富了隐形冠军的思想理论，立意宏大、体系严谨、观点新颖、数据翔实，实用性很强，是一部世界大师级的作品，我读后深受启发。

德国现有370多万家中小企业，占企业总数的99.7%，贡献了约70%的就业机会，是德国经济发展的中坚力量。在2021年《财富》世界500强排行榜中，德国企业只有27家。2021年，德国隐形冠军的名录上有1 573家公司，占全球隐形冠军的46.2%。与其他国家相比，"为什么德国是那么多隐形冠军的发源地？"，这是由一系列复杂、相互作用的原因造成的，无法追溯到单一根源。这当中有许多因素深深扎根于历史、传统和价值体系之中。

中国有4 000多万家中小企业，能否像德国一样，涌现出大量的隐形冠军？赫尔曼·西蒙教授认为，在21世纪中国将发展成为一个经济强国，中国企业也在不断弥补质量、品牌、营销和重大创新等领域的相对劣势和短板，并已经取得了令人瞩目的成功。而且，他坚信中国和德国一样是孕育隐形冠军的沃土，并期待未来涌现出更多的隐形冠军企业。当今，中国企业已经进入专精特新发展时代，这就为中国隐形冠军群体性崛起奠定了非常坚实的基础，提供了无限可能。

14亿人口的巨大市场为隐形冠军的成长提供了广阔的空间。赫尔曼·西蒙教授十分强调利基市场和小商品市场的作用。在世界上的所有市场中，大型市场只占2%，其余98%都是中小型市场和利基市场。中国全产业链制造业的不断升级，细化了劳动分工，扩大了细分市场，并且，生活中有无数日常小商品，每个小商品市场和细分市场都提供了发展隐形冠军的机会。中小企业往往以独特的敏锐性抓住这些机会，并在世界范围内抢占领先的市场地位。

走隐形冠军之路是中国企业发展的历史必然，具有重大的经济价值和社会价值。隐形冠军彰显了新型工业文明，蕴含着企业生命哲学，体现了长期主义文化。赫尔曼·西蒙教授通过对世界隐形冠军成长周期的分析指出，隐形冠军往往不是年轻的公司，它们的中位年龄为71岁，1/9的隐形冠军年龄甚至超过100岁，都是"长跑冠军"。这表明隐形冠军的存活率很高，甚至可能超过大型企业。日本的千年企业，几乎都是中小企业。

隐形冠军彰显了现代工业的质量文明。赫尔曼·西蒙教授认为，"德国制造"已经成为一流质量的标签，这极大地促进了德国隐形冠军们的全球化进程。然而，"德国制造"一开始并不被认同。1887年，英国人将"德国制造"打上质量低劣的标签。150年后，"德国制造"以100分的成绩引领国际制造排名，"瑞士制造"以99分的成绩紧随其后。随着中国工业现代化的发展，中国产品走向世界，不断赢得好口碑，靠的是中国人一丝不苟、精益求精、吃苦耐劳、坚韧不拔的制造精神。

隐形冠军凝聚了企业家精神。企业家精神是国家经济社会发展的宝贵财富和重要战略资源。隐形冠军之路充满了荆棘和坎坷，辉煌是在苦难中迸发的。不经过艰苦卓绝的顽强拼搏，是不可能到达行业巅峰的。在赫尔曼·西蒙教授看来，做隐形冠军首先要有一颗燃烧的雄心。隐形冠军饱含了企业家的血汗和泪水，注入了企业家的身体和灵魂。赫尔曼·西蒙教授在书中提到，中国企业家杨树仁在2002年知晓隐形冠军这一概念，并通过大幅削减其庞大的产品组合和开展全球化活动来严格践行隐形冠军战略，使他的山东默锐科技有限公司成为三大特种化学品的全球市场领导者。杨树仁董事长具有深厚的隐形冠军情怀和强烈的社会责任感，他把隐形冠军视作一种"企业信仰"，认为走隐形冠军之路是企业的唯一活法，并呕心沥血地加以实践，因此得到了赫尔曼·西蒙教授的充分肯定和信任，两人建立了深厚的情谊，并发展为忘年交。

中国企业走什么道路，选择何种发展模式，需要坚持实事求是的思想路线。中国的人口数量、市场规模、经济基础、发展阶段、经济体制、评定标准、竞争优势、全球化布局、行业分布、管理模式、政策导向等国情要素与外国企业所处的环境有很大的差异，中国企业也必须选择走中国式隐形冠军道路。面向未来，全球企业将面临更大的不确定性和波动性。中国企业首先需要正视自身的劣势和差距，虚心学习外国企业的先进经验。中国企业与以德国为代表的外国隐形冠军相比，还有很长的路要走，面对复杂严峻的环境，中国企业需要不断提高自身的适应性、敏捷性、变通力、专注力和战略韧性。

赫尔曼·西蒙教授在中国得到了广泛的尊重，他提出的概念及理论受到了企业界的高度认同。期待更多的企业家和管理者阅读他的新著，若如此，则必将在实践中越来越感受到隐形冠军理论带来的引领作用和价值魅力，并在践行隐形冠军战略的过程中受益良多。

以上感想，权作为序，期盼赫尔曼·西蒙教授和广大读者不吝指正。

刘红松

赫尔曼·西蒙商学院院长

2023 年 5 月于北京

　　何为隐形冠军企业？ 1987 年，赫尔曼·西蒙教授和哈佛大学西奥多·莱维特（Theodore Levitt）教授在杜塞尔多夫的一次对话中谈到"为什么德国公司在出口方面如此成功？"这一问题。在此前一年，德国首次成为全球出口冠军，正是这巨大的成功让他们想一探究竟。他们发现，德国有一批"中型巨人"企业，占据了全球价值链或价值网络中的关键环节。它们在德国出色的出口业绩中发挥了重要作用，但由于提供的大多是中间产品，很少受到媒体及公众的关注。那么新的问题又出现了，德国有多少这样的市场领导者？它们对德国的出口成功有多重要？它们采取了什么样的战略？西蒙教授于 1990 年和 1992 年分别通过《企业管理学》和《哈佛商业评论》将"隐形冠军"这一概念引入企业界和学术界。其著作《隐形冠军》一书在 2004 年被《商业周刊》封面报道，系列著作《隐形冠军》《21 世纪的隐形冠军》《隐形冠军：未来全球化的先锋》等受到广泛认可与传播。

　　我的博士生导师吴晓波教授是中国创新管理领域的第一位博士，自 1989 年攻读博士起他便深入杭州制氧机厂、杭州汽轮机厂进行蹲点调研，并基于杭州制氧机厂的创新实践提出了"二次创新"理论的雏形。

除了这两家企业之外，与团队研究紧密结合的永新光学、双环传动、金风科技、诺力智能、海天塑机等也纷纷入选工信部单项冠军示范企业。吴晓波教授提出的"从二次创新到超越追赶"的创新管理理论体系构建与这批企业跨越技术生命周期的非线性成长很好地诠释了"从实践中来，到实践中去"的顶天立地式管理研究。

有幸在吴晓波教授的指引下，我这位工科生自攻读博士起便逐步探索以上述企业为代表的中国制造企业创新实践，2016 年经过与吴晓波教授的多轮探讨，我进一步明确将博士论文的选题方向确定为中国隐形冠军企业的创新战略。自此在吴晓波教授的引荐下，我也获得了不少与西蒙教授讨教、交流的机会：2018 年我在完成博士论文之后，与全球新兴经济体商学院联盟（CEEMAN）共同组织了第一届隐形冠军国际研讨会，西蒙教授作为主旨报告嘉宾到杭州来做了深入的探讨；2020 年我入职浙江大学国际联合商学院，与西蒙教授做了一次线上对话活动；2021 年为了进一步搭建国际隐形冠军研究与交流平台，在浙大国际校区设立了隐形冠军国际研究中心，由西蒙教授担任名誉主任、吴晓波教授担任主任……一系列的合作与交流更坚定了我的信心，希望共同把隐形冠军的全球故事和中国故事讲好，并凝练出基于隐形冠军管理实践的理论体系。2021 年 8 月，受机械工业出版社的邀请，我着手本书的翻译，在翻译过程中与西蒙教授的探讨，让我更加钦佩他的严谨以及对隐形冠军未来发展的深刻思考。

本书不但诠释了隐形冠军为什么存在，隐形冠军的崛起与发展，更刻画了在新时期全球化、数字化等高度不确定的环境中，隐形冠军如何通过创新以及生态系统构建实现可持续发展。通过比较德国隐形冠军和中国隐形冠军在各个战略维度的差异，更好地让读者理解制度文化和创新生态对企业发展的深刻影响。不同于西蒙教授之前的著作，本书描绘的隐形冠军未来图景更加复杂。在更大的不确定性和波动性下，隐形冠军企业的天然优势——"敏捷性"显得更加重要。但全球化、数字化、生态系统的进步和可持续性意味着新游戏将更频繁地发生变化，隐形冠军在价值链中的深度或许会成为一把双刃剑。我们所熟知的"专注"作为隐形冠军企业的重要战略特质，在这样的环境中有了新的内涵。基于价值链的开拓以及寻找价值创造新模式或许是明智的，这也要求隐形冠军以更加开放的姿态面向新的竞争环境。然而，并非所有夕阳产业的隐形冠军都能成功实现转型。不少企业在这场变革中可能失去市场领导地位，甚至彻底破产。传统隐形冠军能够成功实现我们团队在研究中常提到的"穿越周期的成长"，其背后的战略前瞻性与忘却学习的能力是关键，这也是本书所描述的新游戏规则。

整本书的翻译过程于我本人而言，不但是宝贵的学习机会，更带来了很多的启发。祝愿有更多专精特新发展的企业在这机遇与挑战并存的时代能够成功地穿越周期成长，构建具有可持续竞争优势的创新生态。在此特别感谢张琼文、殳梦丹、周钜杰在本书翻译过程中提供的大力帮助。

雷李楠

2023 年 5 月于求是园

目录

第 1 部分

隐形冠军的概念

Hidden
Champions

隐形冠军简史

第 1 章

"为什么德国公司在出口方面如此成功？"

1987 年，哈佛大学教授西奥多·莱维特在杜塞尔多夫的一次谈话中问了我这个问题。在这前一年，德国首次成为全球出口冠军，正是这巨大的成功让他想一探究竟。他当时对国家和公司竞争力的话题非常感兴趣，之前在《哈佛商业评论》上发表了一篇备受瞩目的文章，使得"全球化"（Globalization）一词广为人知[1]。

经过长达十年的深入研究，我最终找到了莱维特所提问题的答案，并因此诞生了另一个流行的管理术语——隐形冠军（Hidden Champions）。如果你在谷歌上搜索"Hidden Champions"，可以得到高达 175 万条结果[2]。

当 1987 年莱维特问我德国出口成功背后的原因时，这个词还不存在。当时，大多数人认为德国的出口业绩主要与拜耳、西门子、戴姆勒、大众、博世或默克等大型企业紧密相关，这些巨头在 20 世纪已经是非常成功的出口商了。与许多其他大型德国企业一样，它们自 19 世纪开始就一直在布局国际分销网络：拜耳早在 1864 年就进入了美国市场；博世在第一次世界大战前就实现了海外销售占比过半；西门子自 1872 年以来一直活跃在中国。相比之下，中小企业在 20 世纪 80 年代才开始它们的国际化旅程。

中小企业

莱维特教授对中小企业前景的评估很有意思。在 1987 年的会议上，*Absatzwirtschaft* 杂志的记者彼得·汉泽尔（Peter Hanser）采访莱维特和我时问道："德国拥有大量出口份额很高的中等规模企业。这些企业采用的是全球营销的战略吗？"

莱维特回答说："所有的企业都是从小做起的。主要是那些较大的企业幸存了下来，较小的家族企业则在为生存而挣扎。"[3] 他对中小企业的全球化机遇持怀疑态度，认为大型企业显然才是全球激烈竞争中的赢家。大约 80% 的德国企业属于中小企业，包括个体工匠或街角的面包店。它们大多不出口。当时，还没有人考虑到隐形冠军的现象。

意外收获

在思考开篇莱维特提到的"为什么德国公司在出口方面如此成功？"

的问题时，我注意到相当多的中小企业都是快速增长的全球市场领导者，它们对德国出口的贡献正在稳步增加。这些中小型市场领导者能否解释德国非凡的出口业绩？德国有多少这样的市场领导者？它们对德国的出口成功有多重要？它们采取了什么样的战略？

带着对这些问题的疑问，1989年我邀请丹尼尔·克拉佩尔（Daniel Klapper）写一篇关于这个主题的硕士论文[4]。他当时是比勒费尔德大学的学生，现在是柏林洪堡大学的教授。我让他追踪中型的全球市场领导者，并收集它们的基本数据。

克拉佩尔确认了其中39家全球市场领导者。结果让我感到惊讶，并激发了我进一步的研究。这些中型企业增长强劲，拥有众多的国外子公司，即便在日本这样充满挑战的市场上也很成功。通快集团（Trumpf）是目前全球激光器领域的领导者，1964年即已进入日本市场。卡尔迈耶（Karl Mayer）是全球经编机的市场领导者，占了高达75%的全球市场份额，产品在日本的销量竟超过了在德国的销量。伦茨（Lenze）是一家小型齿轮箱制造商，多年来一直与一家日本企业密切合作。这些公司是真正的冠军，但除了少数专家外，没有人知道它们。

为这些中等规模的全球市场领导者取什么名字好呢？后来事实证明"隐形冠军"这个词用得还挺"巧"，尤其是"隐形"和"冠军"这两个词之间存在某种矛盾关系。"冠军"通常是众所周知的，很难想到它们会被遮挡住光芒或"隐形"。在我1990年9月一份题为"隐形冠军——德国经济的先锋"[5]的文章中首次使用这个词，紧接着在《哈佛商业评论》的一篇文章中再次使用后，隐形冠军引起了人们广泛的好奇和兴

趣 [6]。在这些早期出版物中，尚未披露这些公司对德国整体出口的贡献有多大，以及德国有多少隐形冠军。

将时间快进 30 年到 2021 年，德国隐形冠军企业有 1 573 家，占全球隐形冠军的 46.2%。在谷歌上搜索美国特定城市里的全球市场领导者，你几乎总会发现搜索结果中德国企业比美国企业多。这证明了德国隐形冠军企业在全球的影响力。所有这些中等规模的德国企业在我们考察的美国城市都有办事处、分公司或工厂。

全球层面

"隐形冠军"一词已经不局限于其起源地德国，而是成为全球公认的战略和管理概念。我在世界各地发掘了数以千计的隐形冠军，并与它们背后的数百名企业家见面交谈。最令我惊讶的是，这些隐形冠军企业尽管存在国别和文化背景的差异，却有着惊人的相似性。它们在远大抱负、战略、领导者以及企业文化方面都有相似之处。

出版物

哈佛商学院出版社于 1996 年出版了我关于这个主题的第一本书，中文版书名为《隐形冠军》[7]。12 年后，我出版了《21 世纪的隐形冠军》[8]。再之后，我在 2012 年出版的《隐形冠军：未来全球化的先锋》中不仅分析了来自德国的隐形冠军，而且分析了来自奥地利和瑞士的隐形冠

军 [9]。与此同时，我的隐形冠军（系列）图书在 26 个国家出版，仅在中国就售出了 100 多万本。

中国已经强势增长多年，除此之外，中国企业还正在弥补其之前在质量、品牌、营销和重大创新等领域的相对劣势。我将引用许多例子说明中国企业如何齐心协力地践行"隐形冠军"理念。通过战略转变、有机增长和关键收购，一些公司已经取得了令人瞩目的成绩。

参考文献

1. Levitt, T. (1983, May/June). The globalization of markets. *Harvard Business Review*, pp. 92–102. The term "globalization" first appeared in 1917, but did not become common until 1983.
2. www.google.com, accessed on 5 April, 2021.
3. Hanser, P. (1987). ASW discussion with Theodore Levitt and Hermann Simon. *Absatzwirtschaft, 8*, 20–22.
4. Klapper, D. (1989). *Internationale Erfolgsstrategien mittlerer Unternehmen.* Dissertation, University of Bielefeld.
5. Simon, H. (1990). Hidden Champions—Speerspitze der deutschen Wirtschaft. *Zeitschrift für Betriebswirtschaft, 60*(9), 875–890.
6. Simon, H. (1992). Lessons from Germany's midsize giants. *Harvard Business Review, 70*, 115–123.
7. Simon, H. (1996). *Hidden champions–Lessons from 500 of the world's best unknown companies*, Boston: Harvard Business School Press.
8. Simon, H. (2009). *Hidden Champions of the 21st century*, New York: Springer; German edition: Simon, H. (2007). *Hidden Champions des 21. Jahrhunderts–Die Erfolgsstrategien unbekannter Weltmarktführer*, Frankfurt: Campus.
9. Simon, H. (2012). *Hidden Champions—Aufbruch nach Globalia*. Frankfurt: Campus.

第 2 章

隐形冠军与出口成功

　　西奥多·莱维特关于德国出口取得巨大成功的根源问题并不容易回答。但有一个事实是毋庸置疑的：自他提出问题以来，德国在 30 多年的时间里一直保持着卓越的出口业绩。图 2-1 展示了 2010 ～ 2019 年十大出口国的出口总额[⊖]。

　　2009 年，中国取代德国成为世界出口冠军，并一直保持领先地位。在绝对出口方面，美国同样领先于德国。然而，这两个国家的经济规模是德国的数倍。如图 2-2 所示的人均出口额比较中，德国公司的出口表现非常突出。

　　就人均出口额而言，德国在主要国家中是一个极端的例外，特别是与它的欧洲邻国相比。人们可能预计法国、意大利、英国和西班牙的人均出口额会高于德国，因为人口较少的国家通常比人口较多的国家人均出口额更高。在德国的实例中，情况正好相反。德国的人均出口额往往至少是

⊖　我特意选择了截至 2019 年的 10 年，因为由于新冠疫情，2020 年的数字被严重扭曲了。

其大型欧洲邻国的两倍，尽管它们同在欧洲，与美国或中国等重要市场的地理距离大致相同。什么原因可以解释这当中巨大的差异呢？没有一句话可以说清的解释，但一个国家隐形冠军的数量可能发挥着重要的作用。

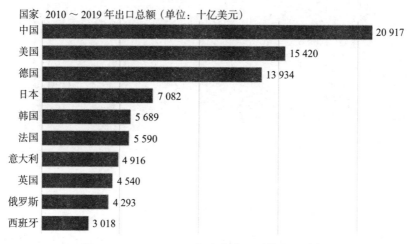

图 2-1　2010～2019 年十大出口国的出口总额

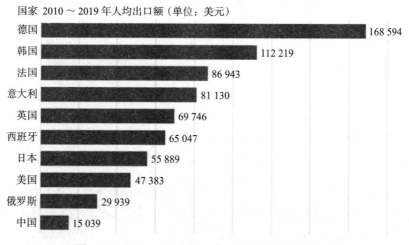

图 2-2　2010～2019 年十大出口国的人均出口额

大型企业还是中小企业

我们应该感谢哈佛大学教授马克·梅利茨（Marc Melitz），他提出了一个相当明显的观点，即国家出口统计数据是一个人工制品[1]。企业——而不是国家，才是真正的出口商。而且根据梅利茨的说法，"只有最好的企业才能处理与外国的业务"[2]。只有最优秀的企业才有能力生产出具有国际竞争力的产品，并以有利可图的价格销售。正如莱维特在 1987 年的采访中揭示的那样，像《财富》世界 500 强这样在全球范围内活跃的大型企业比中型企业更有可能具备这些能力。这是否意味着一个国家的大型企业数量可以解释其出口业绩？

图 2-3 试图回答这个问题。横轴显示每个国家《财富》世界 500 强企业的数量 $\ominus$。它们个个都是世界上最大的 500 家公司之一。纵轴显示了每个国家的出口额。

大型企业决定着一个国家出口业绩的这一假设对大多数国家都适用。美国、日本、法国、韩国、英国、意大利和西班牙的大型企业数量与出口业绩之间几乎呈线性关系。只有中国和德国偏离了这一模式——恰恰这两个国家分别在出口总额和人均出口额方面排名第一。中国和德国在很多方面都非常不同，但它们有什么共同点呢？在中国，大约 2/3 的出口份额来自中型企业，这一比例与德国中小企业的出口份额占总出口额的比例相同 $\ominus$。由于并非所有中小企业都有出口，这意味着隐形冠

$\ominus$ *Fortune*, August–September 2020, S. F1-F22. 2019 年的公司数量和出口数据。

$\ominus$ 《经济学人》在 2009 年即报道了中国 68% 的出口来自员工少于 2 000 人的公司（参见 "大池塘里的小鱼"，《经济学人》，2009 年 9 月 10 日）。我们预估在员工少于 4 000 人的公司，这个比例仍然不会变化。

军很可能是德国出口业绩背后的主要驱动力。来自新加坡的隐形冠军基金支持这一判断："隐形冠军构成了德国强劲的出口驱动型经济的支柱。它们根植于德国中小企业的团队精神。"[3]

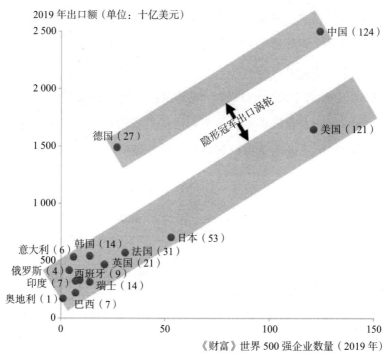

图 2-3　按国家分列的《财富》世界 500 强企业数量与该国出口额

隐形冠军与德国形象

　　尽管德国隐形冠军企业本身并不知名，但它们在世界其他国家对德国的看法上发挥着重要的作用。在国际商业和经济排名中，德国通常位列世界前十。《美国新闻与世界报道》（*U.S. News &World Report*）的一项研究将德国排在第四位 [4]。沃顿商学院甚至将德国列为"世界上最好的国家"。更令人惊讶的是，在创业方面，该研究的负责人大卫·雷布斯泰因（David Reibstein）教授认为德国处于领先地位，"最适合创业者的国家不是美国，而是德国" [5]。

在最近出版的外国作家的著作中，德国的形象越来越正面。他们明确提到并认可了中小企业，尤其是隐形冠军企业。英国作家约翰·坎普费尔（John Kampfer）写道："最重要的是，让德国与众不同的是较小的公司。赫尔曼·西蒙创造了隐形冠军一词。这些都是全球化和自由贸易的成功案例。隐形冠军中的一半来自德国，美国、日本紧随其后，但与德国的差距非常大。其他欧洲国家则不见踪影。" [6]

德国人对自己国家的看法往往更持怀疑态度，但即便是非常挑剔的作者也强调了中小企业和隐形冠军的积极作用。知名记者加伯尔·施泰因加特（Gabor Steingart）写道："凭借创造力和韧性、勇气和谦逊，隐形冠军开拓了全球市场。" [7]隐形冠军对德国的形象和声誉做出了决定性的贡献。它们是"德国的神秘力量"。

参考文献

1. Melitz, M., Mayer, T., & Ottaviano, G. (2014). Market size, competition, and the product mix of exporters. *American Economic Review, 104*(2), 495–536.
2. N.A. (2104, May 5). Nur die stärksten Unternehmen exportieren. *Frankfurter Allgemeine Zeitung*, p. 18.
3. Retrieved 1 May, 2020, from https://hiddenchampionsfund.com/.
4. Retrieved from https://www.usnews.com/media/best-countries/overall-rankings-2020.pdf.

5. Retrieved 15 May, 2016, from https://knowledge.wharton.upenn.edu/article/entrepreneurial-country-world/.

6. Kampfner, J. (2020). *Why the Germans do it better: Notes from a grown-up country*, London: Atlantic Books, p. 84. See also Neiman, S. (2019). *Learning from the Germans*, New York: MacMillan.

7. Steingart, G. (2020). *Die unbequeme Wahrheit—Rede zur Lage unserer Nation* (p. 84). Munich: Penguin Verlag.

第 3 章

隐形冠军的定义

一家公司必须满足以下三个标准才能被归类为"隐形冠军"。

（1）市场地位：在行业内位居全球前三或所在大洲第一。

（2）营业额：不超过 50 亿欧元。

（3）知名度：在公众中的知名度较低。

除了营业额外，自 20 世纪 90 年代以来我一直坚持采用上述标准进行判定。

市场地位

隐形冠军的市场地位通常由市场份额来体现，而在大多数情况下，市场份额基于公司自身的评估。因此，要核实数千家公司的市场份额数据是不可能的。此外，市场地位和市场份额取决于市场的定义，这必然是主观且有争议的。在分散的市场中，人们不可能总是精确地量化市场份额，通常更容易估计相对市场地位，即一家公司排名第一、第二还是第三。一些隐形冠军自称是"市场领导者"，却无法用精确的数字表明自己的市场份额或市场地位。我亲自核查了研究中涉及的所有德国隐形冠军的数据，尽管如此还是无法避免一些主观评估。

营业额

营业额是唯一有变化的标准。在第 1 版《隐形冠军》中，其上限为 10 亿美元（1996 年欧元还未出现）。2007 年，我将上限提高到 30 亿欧元，最终在 2012 年我将其提高到 50 亿欧元。上限的变化反映了近几十年来隐形冠军的强劲增长。在撰写本书时，我曾考虑将上限提高到 100 亿欧元，但最终没有这么做，这是由于最初列出的公司中只有少数超过了 50 亿欧元的上限。目前，对一家中型企业来说，50 亿欧元的营业额也许就是上限了。这一数据必须放在全球范围内看，尤其是与最大的公司相比。2019 年，《财富》世界 500 强的平均营业额为 666 亿美元，即使是其中最小的一家公司的营业额也达到了 254 亿美元⊖。由此看来，根据营业额标准，隐形冠军的最高营业额不到《财富》世界 500 强平均水平的 1/10，甚至都不到其中最小公司的 1/5。按照全球标准，营业额为 20 亿欧元或 30 亿欧元属于中型企业，而不是大型企业。德国隐形冠军的平均营业额为 4.67 亿欧元。我没有设定更低的营业额下限是因为在拥有现代通信和交通手段的时代，即使是小公司也可以服务世界各地的客户，取得全球领先的市场地位。这与当时全球营销罕见且对小公司

⊖ *Fortune*, August/September 2020.

来说也不太现实的时代，有着根本的不同。然而，营业额低于 0.1 亿欧元的公司在德国隐形冠军中也仅占 2%。

知名度

第三个标准是公众知名度较低。我没有用精确的数字来量化这一标准。我排除了一些符合前两个标准但知名度较高的公司，如哈里波（Haribo，生产小熊软糖）、野格（Jägermeister，生产利口酒）和美乐家（Melitta，生产咖啡过滤器）。我能肯定在我的名单中几乎所有隐形冠军都不是在全球范围内众所周知的。

标准定义

本书明确了隐形冠军的定义，即在全球或所在大洲市场占据领先地位、营业额上限为 50 亿欧元且公众知名度较低的企业。一项对 94 篇关于隐形冠军的学术文章的调查（这也是迄今为止同类文章中最全面的调查）指出："研究领域坚定认可西蒙的定义。在 94 篇学术文章中，有 88 篇遵循了西蒙对隐形冠军的定义。"[1] 若 90% 以上的学术研究人员采用了此定义，那我们有理由称之为"标准"。

参考文献

1. Julian Schenkenhofer, J. (2020). Hidden champions: A review of the literature and future research avenues. *Working Paper Series 06-20*, Chair of Management and Organization, University of Augsburg, p. 9.

第 4 章

为什么存在隐形冠军

鉴于我们已在全球范围内追踪到了数千名隐形冠军，再问"为什么存在隐形冠军"似乎有些不合理。若回溯到 200 年之前，基本上不存在既是中等规模又是全球市场领导者的公司。当时，典型中型企业的市场范围仅限于本国，充其量扩展到小的邻国。

富格尔（Fugger）家族的贸易公司是为数不多的例外。早在 15 世纪，富格尔家族的业务就已经遍布欧洲各地，它曾是欧洲铜行业的第一大贸易公司。按本书的定义，富格尔有资格称为隐形冠军。随后，葡萄牙东印度公司、荷兰东印度公司和英国东印度公司等企业将业务扩展到了亚洲。英国东印度公司占世界贸易的一半，成为全球市场的领导者。当然，这些公司不但在经济方面有重要影响，在政治领域也是举足轻重，所以它们几乎不"隐形"。此外，东印度公司的士兵有 26 万名之多，是英国军队士兵的两倍。

为什么当今的情况截然不同呢？是什么促成了大量中型、鲜为人知的全球市场领导者崛起？不出所料，这一发展的源头并不是单一的，而是多种原因的混合。

劳动分工

亚当·斯密在 1776 年出版的著作《国富论》中首次提出并推广了劳动分工的优势[1]。劳动分工的增加意味着只制造单个组件的专家取代了生产整个产品的通才，然后由最终产品制造商（即 OEM，原始设备制造商）组装。专业制造单个组件可以带来巨大的生产力提升。然而，只有在市场足够大的情况下，劳动分工和专业化才能发挥作用。亚当·斯密认为"劳动分工受市场范围限制"[2]。这就解释了为什么小城镇只拥有种类有限的普通杂货店，而大城市则会出现专卖店。

市场范围不断扩大

为了利用好劳动分工提供的机会，企业必须扩大专业服务的市场范围。这种扩大的形式有很多种，例如，合并原先独立的市场，消除贸易壁垒。如 19 世纪由许多小国组建立的德意志帝国、欧盟及其前身以及通过自由贸易协定取消关税的举措。和平协议签署之后也会出现市场扩张，比如法德之间的友谊加深，又比如铁幕的倒塌，使得奥地利经济冲破边境限制。在更大的市场中，只服务于一个利基市场的专家可以发展到相当大的规模。这正是隐形冠军的战略，它们通过国际化将本地或国内小众市场的有限潜力扩大到全球范围。

　　　　　　　　　第4章　为什么存在隐形冠军

市场标准化

美国和欧盟之间的差异表明了市场的标准化或同质化与扩张不同。这两个市场的规模相似，但美国形成了一个基本上同质的市场，而欧盟仍由 27 个独立的市场组成。欧盟国家之间的差异源于语言、货币（只有 15 个国家加入了欧元区）、标准、贸易结构和消费者习惯等诸多因素，这些严重阻碍了业务扩张。

优步（Uber）花了几年时间在旧金山测试其系统，然后才能够在没有重大改动的情况下推广至纽约和其他主要的美国城市。在欧洲，类似的扩张需要克服语言、文化和官僚主义等障碍，这增加了成本和所需时间。当下所谓的智能手机、软件和互联网等"天生全球化"市场从一开始就被标准化，因此国际化成本更低、进程更快，从而促进了隐形冠军的出现。其中一个重要组成部分是语言的标准化。尽管世界各地对英语的掌握程度仍有很大差异，但现在凭借英语几乎可以在世界任何地方做生意。另外在许多市场，根据消费者的习惯做出调整仍然是必要的。

价值链深化

现代价值链的特点是深度极高，这与专业化和劳动分工密切相关。许多供应商为 T 恤衫这样简单的产品提供服务，例如孟加拉国的缝纫店、化学品制造商、棉花种植者、机器制造商、物流公司、零售商和其他服务供应商。对汽车制造商来说，供应链要复杂得多，它们直接或间接使用数千家供应商提供的零件和服务，而这些供应商又从次级供应商那里获得零件。电子行业的供应链同样复杂。仅在德国，苹果公司（以下简称"苹果"）就有 767 家供应商 [3]。汽车、电脑或智能手机的各个部件来自许多国家。全球价值链通常包括许多环节。令人怀疑的是，旨在制裁供应商不当行为的所谓供应链法（Supply Chain Acts）是否考虑到了这种巨大的复杂性。柯尔柏集团（Körber Group）的采购主管迈克尔·斯蒂茨（Michael Stietz）表示："如果我们要对整个供应链负责，包括我们供应商的次级供应商，那么我们很快就会得到一个六位数的数字，即分布在世界各地的 10 万多家不同公司，我们必须收集和评估这些公司的数据。"[4] 这是一个难以应付的负担，尤其是对中型企业和活跃在全球的隐形冠军们而言。

产品多样性

如果问路人什么是"经济"，他们通常会提到大型行业和公司。他们从自身经历中了解到这些行业和公司的产品与服务，比如汽车行业、电信行业、零售业、银行业以及谷歌或脸书等互联网公司。这些常见的行业和公司只是经济的一部分。没有人知道世界上离散市场的具体数量，但肯定非常多。仅亚马逊就拥有 2.29 亿件商品 [5]。在所有市场中，可能只有 2% 是大型市场，其余 98% 是中小型市场和利基市场。这些市场中有很多传统上是地方性的，它们中的许多将继续如此，但全球化市场的数量一直在增长。快餐、咖啡馆、药店、餐饮和科学出版等行业在这方面已经非常先进。如今仍受到高度监管的行业，如交通或制药，未来可能会走类似的道路。

小商品

生活中有无数日常小商品，人们总觉得它们的存在理所当然，而没有考虑到必须有人从事生产和分销。每个小商品市场都提供了发展隐形冠军的机会。当中型企业能够在全球范围内运营此类业务时，其市场潜力将变得具有吸引力，也将带来影响力。有许多隐形冠军生产这类日常小商品。表 4-1 中列出的大多数公司都是全球市场领导者。

表 4-1 "小商品，大产量"市场上的隐形冠军

隐形冠军	产品	产量
卡勒（Kalle）	香肠肠衣	8.5 亿条 / 年
海金杜门（Heitkamp & Thumann）	电池罐	100 亿个 / 年
海瑞恩（Anton Häring）	精密车削零件	250 万个 / 天
Spies Kunststoffe	食品塑料包装	12 亿个 / 年
肖特（Schott）	医药包装	110 亿个 / 年
OKE 集团	型材挤压	8 万千米 / 年
塞纳（Sanner）	包装用干燥剂	20 亿包 / 年
德国瑞莱集团（Reline Europe）	排水管道改建	70 万米 / 年
Gottschalk	图钉	1 200 万个 / 天
Lübke & Vogt	橡胶模塑	15 亿个 / 年
Rohi	飞机座椅用织物罩	700 万米 / 年
Alupak	浓缩咖啡胶囊	90 亿个 / 年
百利盖（Bericap）	饮料瓶瓶盖	860 亿个 / 年
Ludo Fact	棋盘游戏	7 万个 / 天
Utsch	汽车牌照	数亿个 / 年
BHS Tabletop	酒店用瓷	4 000 万个 / 年
久保（Job）	感温玻璃球 / 喷洒触发器	12 亿个 / 年
LTS Lohmann	透皮疗法	7.7 亿贴 / 年
雷诺鞋材（Rhenoflex）	鞋帽	10 亿个 / 年
Aenova	片剂、胶囊	280 亿个 / 年
M+C Schiffer	牙刷	130 万支 / 天

隐形冠军	产品	产量
Hello Fresh	烹调盒	2.8 亿个 / 年
Prym	摁扣儿	1 500 万个 / 天

尽管单件商品的价值很低，但产量却很大。M+C Schiffer 每天生产 130 万支牙刷，如果把一年生产的牙刷排成一排，将覆盖 76 万千米——地球周长的 19 倍。肖特玻璃制医药包装的单价在 3～10 欧分，平均价格为 5 欧分。然而，仅这一产品类别 110 亿件的营业额就高达 5.5 亿欧元 [6]。这个世界到处都是商业机会，即使是小商品。隐形冠军们往往以先锋的身份抓住了这些机会，并在世界范围内占据领先的市场地位。

传播和物流

要抓住市场范围日趋扩大这一机遇，公司需要能够与全世界的客户沟通交流，并且能够以便捷且经济高效的方式将商品送到他们手中。最近发展起来的现代信息技术和覆盖全球的物流系统对隐形冠军的兴起发挥了重要作用。约 22% 的德国隐形冠军年营业额不到 5 000 万欧元。在过去，这个营业额级别的公司是不能在全球范围内活跃起来的，但今天，这些隐形冠军的产品和服务却遍布全世界。加拿大传播学家马歇尔·麦克卢汉（Marshall McLuhan）所预言的"地球村"已经成为现实 [7]。

本节的物流不仅指货物的运输，还指那些经常周游世界以维护其全球业务运营的人，包括销售人员、规划工程师、服务技术人员和装配工。像克莱斯（Klais）这样位于德国波恩仅有 65 名员工的小公司，也能为新西兰、日本、中国、美国、阿根廷、以色列和其他国家提供安装其顶级管风琴的服务。这只有在最先进的通信技术以及高效的产品和人员物流系统下才能实现。

参考文献

1. Smith, A. (1993). *An inquiry into the nature and causes of the wealth of nations*. Hackett Publishing.
2. Smith, A. (2012). *Untersuchung über Wesen und Ursachen des Reichtums der Völker* (p. 101). Mohr Siebeck.
3. Retrieved from https://www.tagesspiegel.de/wirtschaft/zulieferfirmen-so-viel-deutschland-steckt-im-iphone/24057266.html#:~:text=Bosch,f%C3%BCr%20das%20iPhone%208%20herstellt.
4. Giersberg, G. (2020, August 12). Interview with Michael Stietz, *Frankfurter Allgemeine Zeitung*, p. 22.
5. Retrieved from https://de.statista.com/infografik/7849/bei-amazon-deutschland-gelistete-produkte/#:~:text=Rund%20229%20Millionen%20Produkte%20bietet,gegen%C3%BCber%202014%20mehr%20als%20verdoppelt.
6. Freytag, B. (2020, June 30). Impfstoffampullen für die Welt. *Frankfurter Allgemeine Zeitung*, p. 22.
7. McLuhan, M. (1962). *The Gutenberg galaxy: The making of typographic man*. University of Toronto Press.

第 5 章

隐形冠军概念的接受

从一开始，"隐形冠军"这个概念就在政治、商业、新闻和文学、教育和学术研究领域中引起了广泛而持续的关注。谷歌中庞大的 175 万条"Hidden Champions"搜索结果表明，对隐形冠军概念的接受是全球性的，而非仅限于德语国家⊖。

政治

2017 年，隐形冠军概念被纳入德国政府大联盟的合同，其中写道："许多中小企业是全球创新领导者。德国'隐形冠军'在某些技术领域处于领先地位就证明了这一点。"[1] 德国人口最多的州北莱茵－威斯特法伦州的互联网门户网站显示："隐形冠军企业非常成功，并为北莱茵－

⊖ 搜索结果源自 2021 年 2 月 16 日，这个数字每天都有变化。

威斯特法伦州在国外的良好形象做出了重大贡献。德国的全球市场领导者有 1/4 位于北莱茵 – 威斯特法伦州！"[2,3]

许多地区性的商业倡议和商会都出版了宣传本地区隐形冠军的册子 [4]。德国黑森州为领先的中小企业提供了隐形冠军奖。2019 年，德国隐形冠军协会⊖成立。中国台湾地区也已经举办了多场大规模的隐形冠军竞赛 [5]。

2021 年初，中国政府启动了一项宏大的计划，旨在培育 1 000 家单项冠军企业，并认为该概念由"德国管理大师赫尔曼·西蒙"首创 [6,7]。该计划已拨款 13 亿美元，并制订了详细的实施方案 [8]。计划正式启动仅 3 周后，一位山东省的联系人告诉我，详细的方案已经传达到地方一级。同时中国国际投资促进会（CIIPA）在中国也组织了数十场隐形冠军会议。

商业

总部位于柏林的阿维斯克金融服务公司（Avesco Financial Services）运营着一支可持续"隐形冠军"股票基金（Sustainable Hidden Champions Equity Fund）[9]。新加坡也有一支投资于亚太地区的中型市场领导者的隐形冠军基金 [10]。在苏黎世，詹姆斯·布雷丁（James Breiding）推出了一支专注于 8 个小国的隐形冠军基金。他将这些国家称为"S8"，并

⊖ 德国隐形冠军协会（Verband Deutscher Hidden Champions，简称 VDHC）的发起人是 Dieter Boening, Dieter Beste 和 Georg Türk。

出版了一本关于它们出色表现的图书[11]。位于苏黎世的私人银行瑞万通博（Vontobel）发行了一个欧洲（英国、瑞士除外）隐形冠军股票篮子（Hidden Champions Europe Ex-UK Ex-CH Share Basket），包含了36家欧洲隐形冠军企业的股票，其中12家企业来自德国。

在全球范围内，许多公司都采用了隐形冠军战略。一家不愿透露名字的纺织机械制造商就是典型的例子："在隐形冠军战略的帮助下，我们成了全球市场的领导者。今天，我们的全球市场份额从10年前的40%上升到70%。"中国企业家杨树仁在2002年了解到了隐形冠军战略，并通过大幅削减其庞大的产品组合和开展全球化活动来严格应用这一概念。他的山东默锐科技有限公司目前是三大特种化学品的全球市场领导者。

新闻和文学

隐形冠军的概念在全球媒体中享有持久的影响力。报纸和杂志上的文章数量高达数千篇。

美国《商业周刊》（*Business Week*）在2004年1月对隐形冠军进行了封面报道。图5-1展示了意大利隐形冠军企业泰诺健（Technogym）的首席执行官内里奥·亚历山德里（Nerio Alessandri）。⊖2019年，《福布斯》（*Forbes*）刊登了一篇题为"隐形冠军的领导秘诀"（The Leadership Secrets of the Hidden Champions）的专题报道[12]。

⊖《商业周刊》，2004年1月26日。

图 5-1 《商业周刊》封面上的"隐形冠军"

德国新闻电视台（N-TV）每年都会颁发隐形冠军奖。中国中央电视台（CCTV）和腾讯视频播出的隐形冠军讲座吸引了 2 000 万名观众 [13]。亚马逊网站列出了超过 20 本来自不同国家、标题中包含"隐形冠军"一词的书（不包括我本人的书）[14～16]。最近有关德国的图书普遍将隐形冠军描述为不仅是德国经济的支柱，而且是整个社会的支柱。国外和德国的作者在这方面的表现相同 [14,15,17～19]。

教育

位于柏林的欧洲管理技术学院（ESMT）建立了世界上第一个"隐

形冠军学院"——德国隐形冠军研究所（HCI）[20]。同时，韩国拥有一所隐形冠军管理学院[21]。2021年，位于中国杭州的浙江大学海宁国际校区成立了隐形冠军国际研究中心，并邀请我担任名誉主任[⊖]。山东省寿光市成立了一所新的商学院，致力于按照隐形冠军的理念开展培训，图5-2展示了这所以我的名字命名的赫尔曼·西蒙商学院。

图 5-2　位于中国山东省寿光市的赫尔曼·西蒙商学院

学术研究

近年来，我收到了大量来自本科生和研究生的咨询邮件，他们正在研究隐形冠军相关的话题。来自奥格斯堡大学的朱利安·申肯霍夫（Julian Schenkenhofer）写道："我从事隐形冠军的研究已经四年了，现在已经分配并指导了数百篇关于该主题的研讨会论文、学士和硕士论

⊖　2021年2月27日，应浙江大学社会科学学院院长的邀请。

文。学生们对这个话题很着迷！"[⊖]

聚焦于隐形冠军的研究在最近几年急剧增加，我预计这种趋势将持续下去。申肯霍夫对隐形冠军学术文章进行了全面深入的调查[22]。他分析了94篇学术文章，并将其归为四个研究方向：国际化、研发与创新、隐形冠军的全球分销以及其他。这些学术文章中超过80%是在2010年之后撰写的。学术研究在很大程度上证实了大部分来自我个人的发现和经验的总结。申肯霍夫分析的例子之一是："与其他公司相比，隐形冠军企业的员工更多地参与到创新过程中，创造了一种特别鼓励创新的组织氛围"[22]。

参考文献

1. N.A. (2018, February 7). *Ein neuer Aufbruch für Europa—Eine neue Dynamik für Deutschland—Ein neuer Zusammenhalt für unser Land*, coalition contract between the three parties in the German parliament that formed the government, Berlin, lines 2804–06.
2. Retrieved from https://www.land.nrw/ru/node/10564
3. IHK Schleswig-Holstein. (2019). *Made in Schleswig-Holstein, Weltmarkt- und Technologieführer im Portrait*. IHK Schleswig-Holstein.
4. IHK Südwestfalen (Ed.). (2018). *Directory of industrial global market leaders from Southern Westphalia* (5th ed.). IHK Südwestfalen.
5. Retrieved from https://english.ey.gov.tw/Page/61BF20C3E89B856/9543ee48-8e64-4d61-a413-b6c214efa32d
6. N.A. (2021, February 16). *China Market Insider*.
7. Ministry of Finance and the Ministry of Industry and Information Technology. (2021, January 23). *Notice on Supporting the High-quality Development of 'Specialized, New SMEs'*, Beijing.
8. The Ministry of Finance and the Ministry of Industry and Information Technology. (2021, January 23). *Notice on supporting the high-quality development*

⊖ 朱利安·申肯霍夫的个人电子邮件，2020年7月30日。

of 'Specialized, new SME'. Beijing. 财政部、工信部印发《关于支持"专精特新"中小企业高质量发展的通知》.

9. Retrieved from http://sustainable-hidden-champions.de/.

10. Retrieved from https://hiddenchampionsfund.com/.

11. Breiding, J. (2019). *Too Small to Fail: Why Some Small Nations Outperform Larger Ones and How They Are Reshaping the World*. New York: Harper Business. The eight countries are Switzerland, Israel, Singapore, Netherlands, Denmark, Finland, Ireland, Sweden.

12. https://www.forbes.com/sites/rainerzitelmann/2019/07/15/the-leadership-secrets-of-the-hidden-champions/#7e5f03a26952

13. Retrieved from https://v.qq.com/x/page/b31199dk8bo.html

14. Büchler, J.-P. (2017). *Fallstudienkompendium Hidden Champions: Innovationen für den Weltmarkt*. Wiesbaden: Springer Gabler.

15. Greeven, M. J., Yip, G. S., & Wei, W. (2019). *Pioneers, hidden champions, change-makers, and underdogs: lessons from China's innovators*. MIT.

16. Braček, A., & Purg, D. (Eds.). (2020). *Hidden champions in dynamically changing societies*. New York: Springer Nature.

17. Braček, A., & Purg, D. (Eds.). (2021). *Hidden champions in dynamically changing societies*. New York: Springer Nature.

18. Kampfner, J. (2020). *Why the Germans do it better: Notes from a Grown-Up Country*. London: Atlantic Books.

19. Steingart, G. (2020). *Die unbequeme Wahrheit—Rede zur Lage unserer Nation* (p. 84). Munich: Penguin Verlag.

20. Retrieved from https://execed.esmt.berlin/de/hci

21. Retrieved from www.hcmi.kr, homepage in Korean.

22. Julian Schenkenhofer, J. (2020). Hidden champions: A review of the literature and future research avenues. *Working Paper Series 06-20*, Chair of Management and Organization, University of Augsburg, p. 15.

　　　　　　　　　　　　　　　　　　第5章　隐形冠军概念的接受

第 2 部分

隐形冠军的崛起

Hidden
Champions

第6章

全球隐形冠军

自 1989 年以来，我就一直开展全球隐形冠军的名录收集工作。在一些国家，当地研究人员⊖系统地记录和研究了这些中型市场领导者，还有许多研究人员参与了跨国的研究 [1,2]。但是除此之外，在其他国家，由于收集工作的系统性较差，研究覆盖的范围并不完整。

各国的隐形冠军

迄今为止，研究已经确定了 3 406 家符合第 3 章中提到的隐形冠军的三个标准的企业。这些企业来自 59 个国家。表 6-1 展示了拥有至少 20 家隐形冠军企业的 19 个国家的"隐形冠军的数量"和"每百万居民拥有的隐形冠军数量"。

⊖ 中国的邓迪和杨一安，日本的 Stefan Lippert，韩国的毕华佑（Pil H. Yoo），波兰的 Marek Dietl，意大利 Danilo Zatta，法国的 Stephan Guinchard，荷兰的 Onno Oldeman。

表 6-1　各国隐形冠军相关统计数据

国家	隐形冠军的数量	人口	每百万居民拥有的隐形冠军数量
德国	1 573	83 166 711	18.91
美国	350	330 104 197	1.06
日本	283	125 960 000	2.25
奥地利	171	8 910 696	19.19
瑞士	171	8 619 259	19.84
法国	111	67 098 000	1.65
意大利	102	60 244 639	1.69
中国	97	1 403 917 760	0.07
英国	74	66 796 807	1.11
荷兰	38	17 496 531	2.17
波兰	37	38 356 000	0.96
俄罗斯	29	146 748 590	0.20
芬兰	28	5 498 827	5.09
瑞典	24	10 348 730	2.32
加拿大	23	38 131 154	0.60
韩国	22	51 780 579	0.42
比利时	20	11 528 375	1.73
丹麦	20	5 824 857	3.43
西班牙	20	47 329 981	0.42

表 6-1 的数字清楚地表明隐形冠军主要是存在于德语国家的一种现象。按人均计算,德国、奥地利和瑞士是拥有大量这类中等规模全球市场领导者的国家,每百万居民约拥有 19 家隐形冠军企业。紧随其后的是斯堪的纳维亚半岛国家、荷兰和日本。在其他国家中,相对于人口规模而言,隐形冠军是罕见的。欧洲其他大国如此,美国等大型经济体也是如此。

隐形冠军数量低的原因有很多。在美国,只有 20% 的企业做出口业务。其中,规模前 10% 的大型企业就贡献了美国出口额的 90% 以上 [3]。美国中小企业则主要活动在其巨大的国内市场里。一些作者批判性地提出:

"美国正在将中型企业抛在后面。"[4]在法国，大型企业占主导地位，而中小企业仅占次要地位。在第2章中，我们说过中国大约2/3的出口额来自中型企业。中国中型出口企业的数量众多，但其中只有少数是隐形冠军。虽然绝对值较低，但中国隐形冠军的数量近年来增长迅速。我预计这种趋势将持续下去，中国在未来10～20年内将会产生更多隐形冠军企业。

这19个国家拥有的隐形冠军数量占了我发现的隐形冠军总数的93.7%。其中德语国家的隐形冠军数量占比最高，为56.2%——如果算上卢森堡和列支敦士登，这一数字将提高到56.9%。

结构

隐形冠军的结构因国家而异。美国的隐形冠军在行业方面呈现广泛多元化，近年来互联网相关企业占比大幅提升，这是一个可能会持续的趋势。日本的隐形冠军通常没有自己的全球影响力，而是作为大型企业的供应商间接领导其全球市场。前者主要是日本电子行业主要企业的供应商，后者是全球市场领导者。意大利的隐形冠军几乎全部来自意大利北部，其产业结构与德语区的同行相似，主要集中在机械、工程、基础设施和建筑技术等领域。意大利和法国也集中了时尚和奢侈品行业的供应商。一些其他的法国隐形冠军属于高科技领域，如计算机辅助设计（CAD）领域的全球市场领导者达索系统（Dassault Systèmes）。英国有许多技术和研发密集型的隐形冠军，如ARM公司，它是大多数智能手机和平板电脑使用的RISC处理器的全球市场领导者。在荷兰，服务供应商、植物育种者及相关供应商占据隐形冠军的主体。

新兴国家

新兴国家是否有隐形冠军，如果有，它们在哪些行业里？这是一个非常有趣的问题。毫不奇怪，在新兴国家中隐形冠军的总体数量很少。大多数隐形冠军存在于各自国家具有竞争优势或特殊资源的领域，例如巴西的柑橘类水果、马来西亚的天然橡胶、孟加拉国的黄麻和埃及的芒果。在原材料行业，两个典型的隐形冠军是埃及的椰树烟料公司（Nakhla）和俄罗斯的阿维斯玛钛镁联合企业（VSMPO-AVISMA），前者是全球水烟市场的领导者，后者是全球钛市场的领导者。

如果要提出建议的话，新兴国家及其企业最好不要局限于原材料和初级产品的生产及出口。相反，它们应该深化价值链，加工原材料，并将其作为半成品或成品以更高的价格出售。马来西亚提供了这样一个价值链深化的例子。该国是第三大天然橡胶生产国，但它已成了一次性手套最重要的供应国 [5]。大约 70% 的橡胶手套来自马来西亚 [5,6]，其中马来西亚顶级手套公司（Top Glove）是全球橡胶市场的领导者，占全球市场份额的 25%，其他几家制造商也活跃在世界各地，并建立了全球品牌。图 6-1 显示了顶级手套公司的三名员工在一个贸易展览会上。

在巴西，费歇尔集团（Fischer Group，浓缩水果的全球领导者）、库特拉莱公司（Cutrale，柑橘类水果的全球领导者）或萨迪亚（Sadia，冷冻肉的全球领导者）等隐形冠军企业证明，深化价值链是通往全球市场领导地位的可行途径。以类似的方式，中东国家正在收购石化加工企业，以期在以石油为基础的价值链中获得更大份额。

归根结底，这些国家的企业在成为世界级制造商方面应该有更大的雄心。中国和韩国等国家经历了这一过程，并取得了惊人的成功。巴西全球领先的支线飞机制造商巴西航空工业公司（Embraer）以及领先的压缩机生产商恩布拉科（Embraco）等隐形冠军企业为价值链深化提供了令人信服的证据。这同样适用于全球牙膏管包装的市场领导者爱索尔包装集团（Essel Propack）和世界最大的疫苗制造商之一印度血清研究所（the Serum Institute of India）等隐形冠军企业。这些例子表明，新兴市场里的中小企业不仅可以在与商品相关的上游市场，而且可以在具有更高附加值的下游市场中拥有全球竞争力。

图 6-1　来自新兴国家的隐形冠军的国际化：马来西亚全球市场领导者顶
　　　　级手套公司的员工在贸易展上

全球有效性问题

已被认定为隐形冠军的企业超过一半来自德语区，这一事实引发了几个重要问题的讨论。首先，这个概念能在全球范围内有效而非仅限于提供特别有利条件的特定地区吗？其次，其他地区的企业能否借鉴德语区隐形冠军的成功经验？最后，主要来自德国的洞见能否对其他国家的中小企业产生借鉴意义？

在我看来，这三个问题的答案都是响亮的"能"。

我本人在各大洲的国家中见过数百家隐形冠军企业，并且一直惊讶于它们与德国先驱者的显著相似之处。隐形冠军可以在任何国家出现，而且它们确实存在于几乎所有国家。我的所有发现都表明，德语区隐形冠军成功的关键因素在某种程度上适用于其他国家。

在本书中，我旨在为来自世界各地的具有远大雄心的中小企业提供经验。虽然这些内容主要源自德语区隐形冠军的成功策略，但我相信隐形冠军的概念具有高度的全球有效性。

参考文献

1. McKiernan, P., & Purg, D. (Eds.). (2019). *Hidden champions in CEE and Turkey: Carving out a global niche*. Berlin/Heidelberg: Springer.
2. Braček Lalić, A., & Purg, D. (Eds.). (2021). *Hidden champions in dynamically changing societies*. Cham: Springer Nature.
3. Armbruster, A. (2014, May 5). Nur die stärksten Unternehmen exportieren. *Frankfurter Allgemeine Zeitung*.
4. Govindarajan, V., Srivastava, A., & Enache, L. (2021, February 18). The U.S. Economy is Leaving Midsize Companies Behind. *Harvard Business Review Online*.
5. Retrieved 2 November 2020,from https://www.everprogloves.com/glove-manufacturers-malaysia/.
6. N.A. (2020, November 17). Corona bremst Top Glove aus. *Frankfurter Allgemeine Zeitung*, p. 18.

第7章

德国的隐形冠军

现行德国隐形冠军名单中有 1 573 家公司，它们都符合第 3 章提到的标准。图 7-1 呈现了 1989～2020 年各类调查中已确认并有记录的德国隐形冠军数量。

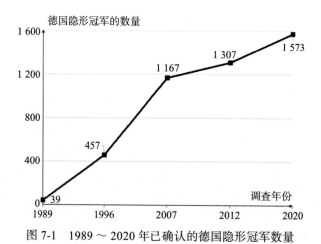

图 7-1 1989～2020 年已确认的德国隐形冠军数量

需要注意的是，图 7-1 并不代表隐形冠军的实际增长量；该图仅展示调查所记录的数据。实际增长量可以通过更广泛和更系统的研究，以及新兴或未被发现的隐形冠军的出现来展示。另外，由于市场份额下降、破产、被合并或收购，部分公司失去了隐形冠军的身份。2012 年的 1 307 家隐形冠军中，约有 70 家现已不再符合标准，从名单中被除名。从长期来看，预计每年大约有 1% 的企业失去隐形冠军这一身份。

市场地位

德国隐形冠军中 35.2% 称自己是全球市场第一，41.7% 称自己是全球市场领导者之一，还有 23.1% 称自己是欧洲市场第一。精确的市场份额只适用于部分德国隐形冠军。平均而言，德国隐形冠军在各个市场（世界或欧洲）的市场份额均值为 40%，但该数字仅具指示性，不具代表性[⊖]。这与一项大型研究的结果相符，该研究发现隐形冠军的平均市场份额为 34%[1]。

营业额

1 573 家德国隐形冠军的平均营业额（算术平均值）为 4.67 亿欧元[⊖]。规模最小的隐形冠军营业额为 100 万欧元，规模最大的营业额为

⊖ 一方面，一些公司不报告它们的市场份额；另一方面，拥有"令人印象深刻"的市场份额的公司比那些实力较弱的公司更有可能报告它们的市场份额。

⊖ 大约 90.8% 的德国隐形冠军有收入数据（主要为 2018/2019 年度，在某些情况下是其他年份）。较小的公司和合伙企业不需要公布它们的收入。

49.66 亿欧元。图 7-2 展示了德国隐形冠军营业额的分布。

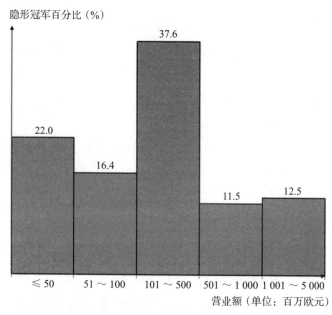

图 7-2　德国隐形冠军营业额的分布

中位数消除了异常值的影响，对典型规模的隐形冠军而言，它比算术平均值更有意义。营业额的中位数为 1.5 亿欧元，这意味着有一半隐形冠军的营业额高于该水平，而另一半则低于该水平。

据 1995 年的调查显示，那时 457 家德国隐形冠军的平均营业额为 9 500 万欧元，而如今德国隐形冠军的平均营业额已达到了 25 年前的 5 倍。这一数据相当于略低于 7% 的年增长率，在如此长的时间内，这是相当惊人的。对于德国隐形冠军，可以追溯到 25 年前的无节制增长阶段，那是一个具有连续性而非不稳定波动和转变的上升时代。后面的章节将针对个别公司进行更深入的探讨，看看这些公司未来是否可以出现类似的增长模式。

员工

德国隐形冠军平均拥有 2 252 名员工[⊖]。调查显示规模最小的公司有 16 名员工，最大的有 79 000 名。需要注意的是，德国隐形冠军在海外市场的员工比在德国本土市场的多。图 7-3 显示了德国隐形冠军的员工数量分布情况。

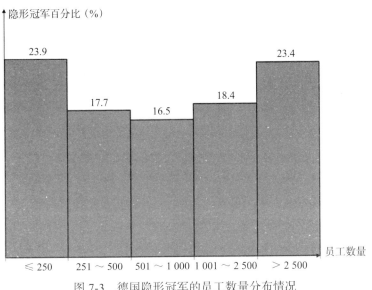

图 7-3　德国隐形冠军的员工数量分布情况

在 1995 年的调查中，457 家隐形冠军平均每家公司拥有 735 名员工。自那以后，平均员工数量增长了 2.1 倍，相当于略低于 5% 的年增长率。隐形冠军创造了大量新的就业机会。1995 年的 457 家隐形冠军共雇用了 335 895 名员工；目前名单上的 1 573 家公司共有 355 万名员

⊖ 研究中 93.2% 的隐形冠军都有员工数据（主要为 2018/2019 年度，在某些情况下是其他年份）。

工。我估计在这 25 年里创造了 150 万～ 200 万个新工作岗位，其中约 1/3 在德国本土，2/3 在德国以外。

过去 10 年里，每位员工创造的营业额增长了近 30%，从 2010 年的 160 039 欧元增至 207 371 欧元[⊖]。这相当于 2.9% 的年生产率增长。哈佛大学教授一项关于隐形冠军"痴迷于生产力"（obsessed with productivity）的评估似乎就反映了这一情况[⊜]。

年龄结构

隐形冠军不是年轻的公司，它们的中位年龄为 71 岁[⊜]。1/9 的隐形冠军年龄甚至超过 100 岁。1995 年，隐形冠军的平均年龄为 67 岁。25 年过去了，平均年龄只增长了 12 岁，这是因为有更年轻和新兴的隐形冠军加入名单。

年龄结构表明隐形冠军的存活率很高，在这方面它们甚至可能超过大型公司。自 1986 年起发布的道琼斯指数中最后一家"原始成员"——通用电气（General Electric）于 2018 年被剔除[⊜]，1988 年 7 月 1 日建立的德国 DAX 指数包含 30 家主要的德国公司，现如今只有 12 家公司还留在最初的名单上 [2]。

⊖ 没有考虑到通货膨胀，那些年的通货膨胀率很低。
⊜ 哈佛商学院院长 Nitin Nohria 教授的个人访谈，2019 年 4 月 3 日。更多细节见第 8 章。
⊜ 在这种情况下，中位数是一个有效的计算方法，可以排除一些成立时间较长的公司的影响。
⊜ 通用电气在超过一个世纪后跌出道琼斯指数，《华尔街日报》，2018 年 6 月 19 日。

我只调查了幸存的公司，目前尚不清楚 100 年前的隐形冠军有多少已经消失。由于两次世界大战和经济大萧条，1915 ～ 1945 年国际贸易和世界经济的发展较为缓慢。那段时间几乎没有新公司成立。"二战"后是德国隐形冠军的伟大时代，也就是所谓的德国经济奇迹期，就在那时德国企业家为全球化的成功奠定了基础。而从"二战"结束到 1986 年德国成为世界主要出口国，已过去了 40 年。

一家公司成为隐形冠军不是短时间内可以实现的。今天德国的隐形冠军大约有一半是在"二战"后产生的。另外，年轻的隐形冠军很少见。只有大约 5% 的公司年龄在 25 岁以下，这些公司主要来自数字行业。这一较低的百分比表明德国在新市场的影响力相对较弱。

区域分布

隐形冠军不但本身鲜为人知，它们的地理位置通常也不为人所知。表 7-1 显示了按联邦州分列、按数量绝对数排序的德国隐形冠军相关数据。

表 7-1　按联邦州分列、按数量绝对数排序的德国隐形冠军相关数据

联邦州	数量	每百万居民拥有的 隐形冠军数量	州隐形冠军 数量占比（%）
北莱茵 – 威斯特法伦州	410	22.8	26.1
巴登 – 符腾堡州	367	33.1	23.3
巴伐利亚州	303	23.1	19.3
黑森州	126	20.0	8.0
下萨克森州	87	10.9	5.5
莱茵兰 – 普法尔茨州	76	18.6	4.8
石勒苏益格 – 荷尔斯泰因州	47	16.2	3.0

联邦州	数量	每百万居民拥有的隐形冠军数量	州隐形冠军数量占比（%）
汉堡市	39	21.1	2.5
柏林市	37	10.1	2.4
萨克森州	23	5.6	1.5
不来梅市	17	25.0	1.1
图林根州	15	7.0	1.0
萨尔州	10	10.1	0.6
勃兰登堡州	6	2.4	0.4
梅克伦堡－前波美拉尼亚州	5	3.1	0.3
萨克森－安哈尔特州	5	2.3	0.3

北莱茵－威斯特法伦州的隐形冠军数量最多，紧随其后的是巴登－符腾堡州，排在第三位的是巴伐利亚州。超过 2/3（68.7%）的德国隐形冠军都位于这三个州。巴登－符腾堡州以 33.1 家"每百万居民拥有的隐形冠军数量"排名第一，不来梅市排名第二。

隐形冠军分散在德国各地。这些中等规模的市场领导者几乎无处不在。不过，隐形冠军也有很强的集中性，尤其是在巴登－符腾堡州、巴伐利亚州和北莱茵－威斯特法伦州，这与隐形冠军相对较少的地区形成了对比。我们将在第 16 章"商业生态系统"中进一步展开区域方面的分析。

参考文献

1. Rammer, C., & Spielkamp, A. (2015). *Hidden Champions—Driven by Innovation, Empirische Befunde auf Basis des Mannheimer Innovationspanels*. Mannheim: ZEW.
2. Retrieved from https://de.wikipedia.org/wiki/DAX.

奥地利和瑞士的隐形冠军

正如我们在第 6 章中提到的，德国、奥地利和瑞士每百万居民拥有的隐形冠军数量非常相似。在这三个国家，每百万居民中的隐形冠军数量约为 19 家。

奥地利的隐形冠军

现行的隐形冠军名录中有 171 家奥地利公司，这一数据自 2012 年以来增长了 47%，超过了德国隐形冠军数量的增幅。出现如此大增幅的原因之一是早期对奥地利隐形冠军的研究不如德国完整。当然，也有一些奥地利公司在 2012 年时还未符合隐形冠军的标准，但现在已经符合。约 2/3（69%）的奥地利隐形冠军声称在全球市场处于领先地位，这一比例远远高于德国和瑞士。奥地利隐形冠军的营业额平均数为 3.72 亿欧元，比德国少21%。奥地利隐形冠军的员工数量平均数为2 036人，因此每位员工的平均营业额为182 711欧元。另外，奥地利隐形冠军营业额中位数略高，为1.63亿欧元。

表8-1总结了奥地利隐形冠军最重要的数据。

表 8-1　奥地利隐形冠军的数据

营业额平均数（亿欧元）	3.72
营业额中位数（亿欧元）	1.63
员工数量平均数	2 036
员工数量中位数	900
营业额＜0.5亿欧元的公司占比	21%
营业额在0.51亿～1亿欧元的公司占比	15%
营业额在1.01亿～5亿欧元的公司占比	43%
营业额在5.01亿～10亿欧元的公司占比	11%
营业额＞10亿欧元的占比	10%

总的来说，奥地利和德国隐形冠军的结构非常相似。平均而言，奥地利隐形冠军在营业额方面要少一些，但在员工数量方面则不然。

奥地利隐形冠军的区域分布

奥地利的隐形冠军和德国一样分布不均。我们发现奥地利的隐形冠军高度集中在维也纳、格拉茨、林茨周围。相比之下，奥地利其他地区隐形冠军稀少。表8-2详细描述了奥地利各州的情况。

表 8-2   按联邦州分列的奥地利隐形冠军

地区	隐形冠军	百万居民	每百万居民拥有的隐形冠军数量
福拉尔贝格州	13	0.39	33.3
上奥地利州	43	1.48	29.1
萨尔茨堡州	11	0.56	19.6
施泰尔马克州	24	1.24	19.4
维也纳州	32	1.90	16.8
下奥地利州	27	1.68	16.1
蒂罗尔州	12	0.75	16
克恩顿州	6	0.56	10.7
布尔根兰州	3	0.29	10.3

9 个联邦州中的 4 个——上奥地利州、施泰尔马克州、维也纳州和下奥地利州的隐形冠军数量几乎占奥地利隐形冠军总数的 3/4。福拉尔贝格州每百万居民拥有的隐形冠军数量是克恩顿州和布尔根兰州的 3 倍。

瑞士的隐形冠军

现行的隐形冠军名录中有 171 家瑞士公司，比 2012 年的 110 家增加了 55%。约 44% 的瑞士隐形冠军在其所属行业的全球市场中排名第一。它们的营业额平均数为 9.33 亿欧元，远远高于德国和奥地利同行。它们平均雇用 3 765 名员工。由这些数据可以得出每位员工 247 808 欧元的营业额。瑞士、德国（207 371 欧元）和奥地利（182 711 欧元）的员工人均营业额差异明显。表 8-3 总结了瑞士隐形冠军最重要的结构数据。

表 8-3 瑞士隐形冠军的数据

营业额平均数（亿欧元）	9.33
营业额中位数（亿欧元）	3.89
员工数量平均数	3 765
员工数量中位数	1 304
营业额＜ 0.5 亿欧元的公司占比	14%
营业额在 0.51 亿～ 1 亿欧元的公司占比	11%
营业额在 1.01 亿～ 5 亿欧元的公司占比	32%
营业额在 5.01 亿～ 10 亿欧元的公司占比	13%
营业额＞ 10 亿欧元的公司占比	30%

瑞士隐形冠军的区域分布

瑞士隐形冠军的区域分布非常不均匀。与德国和奥地利类似，瑞士隐形冠军集中在少数区域集群。站在瑞士 26 个州的层面来看，这种差异就更显著了。瑞士有 4 个州未发现隐形冠军，而 5 个州拥有超过 10 家隐形冠军（见表 8-4）

表 8-4 瑞士隐形冠军密度最高的 5 个州

地区	隐形冠军	百万居民	每百万居民拥有的隐形冠军数量
巴塞尔城市州	10	0.29	34.5
圣加仑州	14	0.51	27.5
苏黎世州	38	1.54	24.7
伯尔尼州	16	1.04	15.4
阿尔高州	10	0.69	14.5

需要注意的是，这 5 个州都位于瑞士的德语区，它们的隐形冠军数量占瑞士隐形冠军的 51%。另外值得注意的一点是，在三个国家中，瑞士巴塞尔城市州（34.5 家）、奥地利福拉尔贝格州（33.3 家）和

德国巴登–符腾堡州（33.1家）相邻地区的隐形冠军人均数量几乎相同。*Masterpieces of Swiss Entrepreneurship: Swiss SMEs Competing in Global Markets* 一书认可了瑞士隐形冠军的杰出表现，该书深入研究了36家瑞士公司，其中包括众多隐形冠军[1]。

参考文献

1. Jeannet, J.-P., Thierry Volery, T., Bergmann, H., & Amstutz, C. (2021). *Masterpieces of Swiss entrepreneurship: Swiss SMEs competing in global markets*. Cham: Springer.

第8章　奥地利和瑞士的隐形冠军

第
9
章

几十年的高速增长

本章将探讨三个最大德语国家的隐形冠军是如何获得现有地位和成就的。关注特定公司的增长而不是一个地区或国家的整体增长是很有启发性的。本章将针对不同规模的公司呈现四个案例。

从隐形冠军到《财富》世界 500 强

图 9-1 显示了 1995 ～ 2019 年三家从隐形冠军（营业额 10 亿～ 50 亿欧元）跻身《财富》世界 500 强公司的增长情况。费森尤斯（Fresenius）的营业额增长了 40 倍，思爱普（SAP）增长了 20 倍，采埃孚（ZF）增长了 10 倍以上。

这个案例解释了大型和巨型公司出现的原因。"大型隐形冠军"就是由长期持续增长的中型企业转化而来的。然而，在这个案例中，取得现有规模并不完全是通过有机增长，收购也发挥了重要作用。

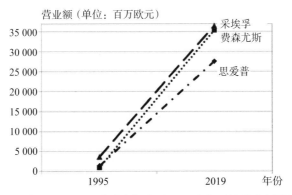

图 9-1　前隐形冠军，现《财富》世界 500 强公司的营业额增长情况

超过 50 亿欧元

图 9-2 显示了三家前隐形冠军的增长情况，它们的营业额现已超过 50 亿欧元。25 年前，这三家公司的营业额都还不到 10 亿欧元。

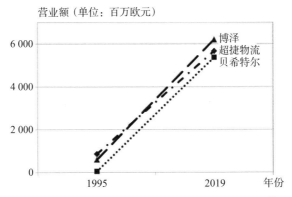

图 9-2　营业额超过 50 亿欧元的前隐形冠军的增长情况

博泽（Brose）是全球汽车门窗系统的领导者。德国超捷物流（Dachser）在欧洲物流市场排名第一。贝希特尔（Bechtle）是欧洲 IT服务供应商领军者之一。自 1995 年以来，许多其他隐形冠军也实现了类似图 9-2 所示水平的增长。其中，风力涡轮发电机领域的爱纳康（Enercon）增长倍数为 29，汽车电线束系统领域的莱尼（Leoni）增长倍数为 16，洁净室设备领域的益科德（Exyte）⊖增长倍数为 12，激光器领域的通快集团增长倍数为 8。

我的名单上有 190 多家营业额在 10 亿～ 50 亿欧元的德国隐形冠军。它们的总营业额为 3 990 亿欧元，平均为 21 亿欧元。奥地利有 18家营业额超过 10 亿欧元的隐形冠军，它们的平均营业额为 20.6 亿欧元。瑞士有 37 家隐形冠军的营业额超过了 10 亿瑞士法郎，它们的平均收入达到 24.3 亿瑞士法郎。

接近 10 亿欧元的门槛

许多规模较小的隐形冠军也实现了同样强劲的增长。图 9-3 显示的是 1995 年营业额不到 1 亿欧元，但现在营业额已接近 10 亿欧元的三家公司。

莱欣诺（Rational）是商用厨房设备的全球市场领导者，其全球市场份额超过 50%。易格斯（Igus）是全球第一大塑料轴承供应商，在所谓的能源链中也占有很高的市场份额。勃肯斯托克（Birkenstocks）对拥

⊖ 曾用名 M+W Zander。

有强烈健康意识的消费者而言已成为舒适鞋的代名词。勃肯斯托克在美国和德国一样有名，所以"隐形"只在有限范围内适用[⊖]。

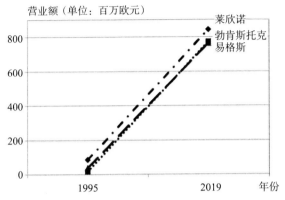

图 9-3　以前的小公司，如今营业额接近 10 亿欧元大关

从"小矮人"到隐形冠军

最后，我们发现许多公司已经从"小矮人"成长为隐形冠军。图 9-4 展示了三家公司。

福迈迪公司（Formel D）是专业汽车服务领域的全球市场领导者。西蒙顾和（Simon Kucher）是全球第一大定价咨询公司。荣森海姆集团（Rofa Group）是欧洲工业自动化领域的领军者。

1995 年，这些公司的营业额都不到 1 000 万欧元，但在过去 25 年

⊖　2021 年勃肯斯托克被法国奢侈品 LVMH 集团的大股东贝尔纳·阿尔诺（Bernard Arnault）收购。

里，它们的营业额至少增加了 41 倍，这一巨大的增长使这些"小矮人"成了成功的隐形冠军。在营业额为 1 亿~ 5 亿欧元的 527 家隐形冠军企业中，有很大一部分呈现出类似的增长表现。

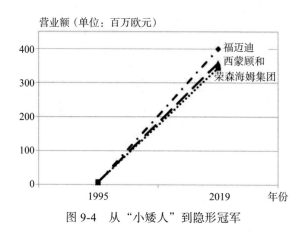

营业额（单位：百万欧元）

图 9-4 从"小矮人"到隐形冠军

是什么推动了这一高速增长

首先也是最重要的驱动力是全球化。在规模更大的隐形冠军样本中，国外子公司的平均数量在过去 10 年中翻了一番多，从 40 家增至 84 家。对增长速度超过平均水平的隐形冠军而言，收购也起到了重要作用。创新和扩展的产品范围、深入的价值链和延伸的服务是进一步的增长动力。相比之下，多元化对它们的增长而言并没有那么重要。

总的来说，自 20 世纪 90 年代以来，隐形冠军经历了数十年惊人的增长。其中，无论规模大小，许多公司的营业额都增长了 10 倍以上。问题是，在未来几十年里，德语国家的隐形冠军能否保持如此高的增长率。我没有结论性的答案，但我可以说，考虑到众多新兴增长机会以及增长障碍，如果隐形冠军们想要保持其增长轨迹，需要经历一次转型；满足尚未满足的基本需求，如新兴国家在洁净水、卫生、交通或健康等领域的巨大机会。但与此同时，环境、气候、能源消耗、消费者态度、贸易摩擦和政治紧张等因素均可能会对增长造成新的障碍。

第 10 章

为什么德国有这么多隐形冠军

最能区分德国和德语区与世界其他地区的就是隐形冠军现象。如表 10-1 所示,在德国,中小企业隐形冠军数量的"全球市场份额"高于艺术、科学或体育等其他领域。

表 10-1　德国在社会各个领域的"全球市场份额"

领域	标准	德国"全球市场份额"百分比
中小企业	隐形冠军数量	46.2%
艺术	名气排世界前 100 名的艺术家数量	29.0%
世界一级方程式锦标赛	世界冠军的数量	16.1%
足球	世界冠军的数量	15.8%
科学	诺贝尔奖得主的数量	12.5%
大学	2018 年泰晤士世界大学排名前 100 的大学数量	10.0%
体育	1896 ~ 2016 年奥运会金牌数量	9.3%
大型企业	2019《财富》世界 500 强企业数量	5.4%

领域	标准	德国"全球市场份额"百分比
网球	世界排名（男子）	5.5%
维基百科	条目（5 390万条中有250万条）	4.6%
社交界	《时代周刊》评选出的2009～2011年100位最有影响力人物	3.3%
人口	人口数量	1.2%
陆地面积	平方千米	0.2%

与别国的对比引出了"为什么德国是那么多隐形冠军的发源地？"这一问题。隐形冠军在德国的流行是由一系列复杂、相互作用的原因造成的，无法追溯到单一根源。这当中有许多因素很难被其他国家效仿，因为它们深深扎根于历史、传统和价值体系之中。但有一些解释也适用于奥地利和瑞士。

非民族国家

像法国或日本这样的国家，在近代形成民族国家的时间相对较早。与此同时，欧洲德语区作为数百个州的集合体持续了较长时间。德国直到19世纪末才成为一个民族国家，时至今日它仍然采用地方自治制度，奥地利和瑞士也是如此。在过去几个世纪里，德语区的企业家如果想让自己的企业发展壮大，就必须把商业活动扩展到本国狭窄的边界之外。他们被迫比其他国家的企业家更早开始国际化，随着时间的推移，在境外经营的想法已刻入了德语区企业家的DNA里。

分布式发展

大多数国家的知识和创造力集中在一个地方——通常是首都,巴黎、伦敦、东京和首尔就是如此。很少有国家采用像德国、奥地利或瑞士这样的分布式结构,在这三个国家随处可见世界级公司。就创业精神的发展而言,分散区域上的知识和创造力显现出了巨大的优势。自两德统一后,原东德已经出现了 54 家隐形冠军。

双元制职业培训

德国竞争力的支柱之一是其独特的双元制职业培训体系。双元制职业培训是指将实践培训和理论培训相结合的培训方法。学徒每周在公司工作三天,在职业培训学校学习两天。虽然其他国家的大学毕业生比例较高,但德国的双元制职业培训体系培养出了优秀的技术工人。一些国家正在尝试建立双元制职业培训体系,但这是一个复杂而漫长的过程。

制造业基础

与英国或美国不同,德国没有放弃其制造业基础。这也许让德国的经济结构显得过时,但这却是它取得成功的基础。德国的制造业基础与其贸易平衡⊖之间的相关性接近 80%。这凸显了制造业的历史重要性。

⊖ 贸易平衡是出口和进口之间的差额。一个国家内部生产的越多,它可以出口的就越多,需要进口的就越少。

如今，德国约 25% 的国内生产总值（GDP）仍然来自制造业，而在其他高度发达的国家，这一比例已降至不到 15%。

人们经常批评德国未能处理好从工业型社会向服务型社会的转型，尤其是在 2008 年"大衰退"之前，这种观点很是常见。不过自此之后，人们的看法发生了变化。目前，美国、英国、法国等服务主导型国家正在努力重建自己的制造业基础。在新冠疫情期间，德国因其对出口的强烈依赖而面临批评，但我认为这种批评是错误的。一个市场多元化而不是单方面依赖国内需求的经济体是有优势的，尤其是在疫情时期。如果受新冠疫情影响的行业只关注德国国内消费者，那么它们的销售额可能下降得更多。

生产率

不久前，哈佛商学院（Harvard Business School）的一些教授到欧洲参访德国隐形冠军。教授们一致向我反馈，这些公司"痴迷于生产率"。生产率的稳步提高降低了单位劳动力成本，隐形冠军便从中受益，尤其是相较于它们的欧洲邻国同行而言。哈佛的教授们还观察到，"隐形冠军每天都试图做得更好"。迈克尔·波特（Michael Porter）指出，激烈的内部竞争与持续的国际竞争力之间存在密切关系[1]。1/3 的隐形冠军企业表示，它们最大的竞争对手在德国，通常位于邻近地区。这种密切的竞争驱动了生产率增长，增强了德国隐形冠军的出口和竞争能力。

区域生态系统

许多德国地区拥有数百年的竞争力，这些能力在今天的市场上仍然存在甚至蓬勃发展。用今天的管理术语来说，这些区域是工业或商业生态系统。钟表制造业是黑森林地区的传统产业，钟表业也被认为是最终开启"现代工业时代的钥匙"[2]。在黑森林地区有超过 500 家医疗技术公司，它们都是由传统制造业催生出来的。

或者拿德国西北部的大学城哥廷根作为例子。为什么这个小城有 39 家测量技术制造商？答案是，几个世纪以来，哥廷根大学数学系都是世界一流的。哥廷根这 39 家制造商中的大多数植根于数学家卡尔·弗里德里希·高斯（Carl Friedrich Gauss）及其他著名数学家的原理基础。西门子前董事爱德华·克鲁巴西克（Edward Krubasik）也曾说过："德国正是利用中世纪的技术基础在 21 世纪取得成功。"

位置优势

即使在日益全球化的世界中，距离和时区仍然很重要。从地缘战略层面来看，德语国家地理位置优越，可以在正常办公时间内与日本和美国加利福尼亚州取得联系，而且到全球关键商业中心的出行时间比亚洲同行或美国同行要短。即使在欧洲内部，德语区也处于相对中心位置。

思想国际化

国际贸易需要开阔的文化视野，首先是语言。"最好的语言是客户的语言。"中世纪晚期的安东·富格尔（Anton Fugger）曾说道。在涵盖100个国家的英语水平指数中，荷兰排名第一，其次是瑞典和新加坡等其他国家。[3] 在人口超过 5 000 万的国家中，德国排名第 10，远远超过法国（排名 31）、西班牙（排名 35）、意大利（排名 36）、俄罗斯（排名 48）和日本（排名 53）[3]。

DHL 编制的"全球连通性指数"（Global Connectedness Index）证实了这一点。荷兰、新加坡和瑞士占据前三。英国（第 9 位）排在德国（第 10 位）前面，法国（第 15 位）、西班牙（第 21 位）和意大利（第 26 位）落后[4]。隐形冠军意味着"全球化思维"——全球商用厨房设备市场领导者莱欣诺就用了 59 种语言展示其公司信息。

德国制造

"德国制造"已经成为一流质量的标签，这极大地促进了德国隐形冠军的全球化进程。"瑞士制造"具有几乎相同的价值[5]。

然而，"德国制造"这个短语的起源鲜为人知。实际上，英国人最初在 1887 年将其作为德国产品质量低劣的标签加以使用。

将近 150 年后，"德国制造"以 100 分的成绩引领国际制造排名，

"瑞士制造"以 99 分的成绩紧随其后，"奥地利制造"为 72 分，仍有一定的改进空间 [5]。

参考文献

1. Porter, M. (1990). *The competitive advantage of nations*. London: Palgrave Macmillan.
2. Mumford, L. (1934). *Technics and Civilization*. New York: Harcourt, Brace & Co.
3. Retrieved from https://www.ef.de/__/~/media/centralefcom/epi/downloads/full-reports/v9/ef-epi-2019-german.pdf.
4. Altman, S. A., Ghemawat, P., & Bastian, P. (2018). *DHL global connectedness index 2018—The state of globalization in a fragile world*. Deutsche Post DHL Group.
5. Breiding, J. (2013). *Swiss made : The untold story behind Switzerland's success*. London: Profile Books.

全球化的新游戏

第 11 章 通往全球化的崎岖道路

自 2010 年"大衰退"结束以来,全球化的进展就没有过去几十年那么顺利了。巨大的变化使全球化走向"崎岖的道路",而新冠疫情使全球化的道路越发艰难。

在本章中,我回顾了近年来全球化的发展。而对于这些全球化发展的趋势和转变是否会持续下去甚至加剧,将在下一章"全球化之路向何方"中进一步展开讨论。

全球人均出口

世界贸易额与出口额通常被认为是衡量全球化最具代表性的指标。图 11-1 展示了全球人均出口额发展情况的长期视图。

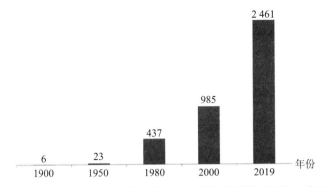

图 11-1　1900 年以来全球人均出口额的发展情况（单位：美元）

通过长期回顾，可以看到全球经济惊人的发展态势。自 20 世纪初以来的发展状况更是预示了全球化的良好前景。在 1900 年，全球人均出口额为 6 美元（接近 0）。由于经历了两次世界大战，这个数字花了 50 年时间才上升到 23 美元。而在接下来的 30 年里，人均出口额增长了 18 倍，达到了 437 美元。在如此高的发展水平上，从 1980 年到 2000 年的 20 年期间，这个指标仍然能够增加一倍多，到 2019 年又翻了一番多。同时需要注意的是，以上数据均为人均数据。在 1900 年，世界人口有 16 亿，而今天，全球人口达到了 78 亿。按绝对美元价值计算，今天的全球出口额几乎是一个多世纪前的 2 000 倍⊖。

1990 年以来的全球出口

图 11-2 则提供了一个短期视图，展示了自 1990 年以来的全球出口形势 [1]。

⊖　精确值是 1990 年的 1 974 倍。

　　　　　　　　　第11章　通往全球化的崎岖道路

图 11-2　1990 年以来全球出口额的发展形势

　　自 1990 年以来的 30 年中，全球出口额增长了 4.4 倍，相当于 6.0% 的年增长率。全球出口的发展体现为两个明显不同的阶段（见图 11-2）：1990 ～ 2008 年——"大衰退"开始的那一年，全球出口额的年增长率保持在强劲的 9.4%；而 2008 ～ 2019 年的 12 年间，总增长率仅为 17%，相当于年增长率 1.6%。其中，在 2011 ～ 2019 年的 9 年里，年出口额增长几乎停滞，年增长率仅为 0.4%。

　　图 11-3 展示了全球出口额增长率相对于全球 GDP 增长率的演变过程，进一步说明了上述情况。其中，两个增长率的比值被称为"弹性"。图 11-3 描绘了全球的贸易弹性，即相对于全球 GDP 变化的全球出口额的变化情况[⊖]。

<hr />

　　⊖　德国联邦经济事务和能源部（2019 年）。"转型期的全球经济——数字化、贸易冲突和中国的崛起如何改变全球贸易争端"，在线版本，12 月 5 日。

图 11-3 全球出口额增长率与全球 GDP 增长率之比（贸易弹性）

分析贸易弹性的平均值数据是很有启发性的。1990 ～ 1999 年，贸易弹性的平均值超过 2，这意味着出口额的增长速度是 GDP 增长速度的两倍之多。2000 ～ 2009 年，贸易弹性的平均值下降到 1.5 左右，这意味着全球出口额增长仅比 GDP 增长快 50%。1990 ～ 2010 年这一阶段的发展被形象地称为"超级全球化"时代 [2]。然而，自 2010 年以来，这两个变量的增长率趋于一致。到 2014 年以后，贸易弹性就一直远低于 1。

归根结底，全球化的引擎似乎已经动力不足。多年来，全球出口额增长率一直低于全球 GDP 增长率。虽然我们不能说绝对"去全球化"，但是我们可以讨论"相对去全球化"。这是一个巨大的转变，特别是对德国、奥地利和瑞士等出口导向型强的国家，以及对隐形冠军企业而言。这种变化全球供应链危机产生之前几年就已经开始了。

如果这些或类似的趋势持续下去，它们将会阻碍世界贸易的发展，并可能使出口增长率永远低于"超级全球化"时代。更有甚者，可能导

第11章 通往全球化的崎岖道路

致贸易量的萎缩。

国际贸易的发展结构具有高动态性和难以预测性。因此，探讨"动态结构"比探讨"固态结构"更重要。隐形冠军企业必须使它们的全球战略与这些快速变化的动态结构保持一致并基于后者进行战略转型。在第 13 章中，我们将进一步讨论国际贸易发展的动态结构将如何对未来的出口产生影响。

全球服务出口

如果我们只看商品出口额，全球化发展的全貌便不够完整。2018年，美国以 5 490 亿欧元的服务出口额领跑全球，英国以 3 120 亿欧元的出口额紧随其后。德国以 2 450 亿欧元位居第三，然后是中国的 1 470 亿欧元 [3]。图 11-4 显示了 1990 年以来全球服务出口的发展情况 [4]。

自 1990 年以来，全球服务出口额增长了 6.12 倍，年增长率达到 6.9%，比商品出口额的增长率高出约 1%。1990 年，服务出口额占出口总额的 25.6%；到 2019 年，这一比例已上升至 32.5%。但是商品出口的价值仍然是服务出口的两倍多。

自 1990 年以来，服务出口额占 GDP 的比重几乎翻了一番，从 7.7% 增至 2019 年的 13.3%。在 2010 ～ 2019 年这 10 年中，这一比例也一直呈现上升趋势，从 11.6% 增加到 13.3%。1990 ～ 2019 年，服务出口增长相对于 GDP 增长的弹性为 1.5，相当于在此期间服务出口额的增长率比同期 GDP 增长率高出 50%。此外，在过去 5 年中，与商品出口的贸易弹性不同，服务出口的贸易弹性为 1.67，远大于 1。这意味着服务出口额的增长快于商品出口额和 GDP 的增长。

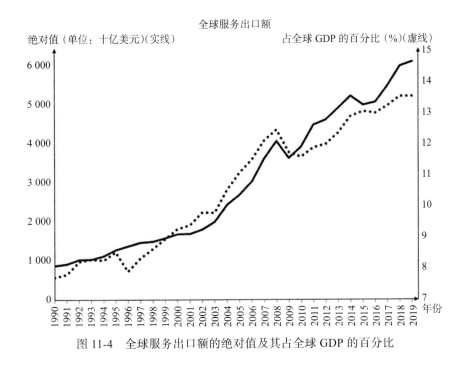

全球服务出口额

绝对值（单位：十亿美元）（实线）　　　　　　　占全球 GDP 的百分比（%）（虚线）

图 11-4　全球服务出口额的绝对值及其占全球 GDP 的百分比

　　但是应该注意的是，服务出口不能被视为完全独立于商品出口的存在。商品出口包含很多的服务组成部分，如规划、装配、运输、保险和培训等。德国经济部指出它们所占比例为 39.3%[3]。此外，商品出口也会激发服务出口需求。根据欧盟统计局的数据，这一比例在 25% ～ 30%，并呈现上升的趋势 [5]。就隐形冠军企业而言，由于其产品中嵌入了大量的技术诀窍，这个比例可能会更高。此外，很多市场领导者的目标就是通过服务来丰富它们的供给，数字化则为这一过程提供了有力的支撑。

外商直接投资

还有一个日益重要的全球化途径是外商直接投资（FDI）。图 11-5 显示了自 1990 年以来全球外商直接投资额的发展情况 [6]。

图 11-5　1990 年以来的全球外商直接投资额

在 1990 ～ 2007 年的 18 年中，外商直接投资一直是全球化的重要驱动力。在 2007 年到达峰值时，全球外商直接投资额从 1990 年的 2 780 亿美元增加了 10.5 倍，达到 31 970 亿美元。这相当于年增长率为 15.45%，远远超过了商品和服务出口额的增长率。在此期间，直接投资额相对于 GDP 的弹性为 2.56，意味着直接投资额的增长速度约为 GDP 的 2.5 倍。

自 2008 年"大衰退"开始以来，外商直接投资呈现出一种不稳定的下滑轨迹。在 2011 年和 2015 年各达到 2.2 万亿美元左右的两个峰值后，外商直接投资额在 2019 年回落至 1.1 万亿美元。2007 ～ 2019 年，投资弹性为 −2.47，这意味着 GDP 每增长 1%，外商直接投资额就会下降 2.47%，呈现出显著负增长的发展趋势。我们确实可以说这个时期是一个"去全球化"的时期。但是我们需要特别注意的是，年直接投资额是一个流量指标，相应地也会增加外商直接投资的存量。从 2007 年的 18.6 万亿美元到 2019 年的 34.6 万亿美元，外商直接投资的存量几乎翻了一番[7]。这一观察结果比对年度数据的分析更有意义，它表明了全球化在直接投资方面已经取得了巨大的进展。然而，前进的道路并不平坦。在第 13 章中，我们将回到对"直接投资在全球化和隐形冠军企业的未来中将会发挥怎样的作用"这一问题的讨论上。

参考文献

1. Retrieved from https://de.statista.com/statistik/daten/studie/37143/umfrage/weltweites-exportvolumen-im-handel-seit-1950/.
2. Rodrik, D. (2020, May 4). *The future of globalization after the Covid crisis*. Webinar, Princeton Bentheim Center for Finance.
3. Berlin. (2019). Retrieved from https://www.bmwi.de/Redaktion/EN/Publikationen/facts-about-german-foreign-trade.pdf?__blob=publication File&v=8.
4. Retrieved from https://data.worldbank.org/indicator/BX.GSR.NFSV.CD.
5. Luxemburg. (2019). Retrieved from https://ec.europa.eu/eurostat/statistics-explained/index.php/International_trade_in_services_by_type_of_service#International_trade_in_services_.E2.80.94_focus_on_selected_service_categories.
6. Retrieved from https://data.worldbank.org/indicator/BM.KLT.DINV.CD.WD?end=2019&start=1990.
7. Retrieved from https://unctad.org/en/Pages/DIAE/World%20Investment%20Report/Annex-Tables.aspx.

第 12 章 全球化之路向何方：人口与经济

在第 11 章中，我们回顾了全球化在 21 世纪 20 年代初的情况，以及它发展到当下阶段的历程。如今，着眼于未来，我们尝试讨论全球人口与经济在未来几十年将会如何发展。

我之所以说"尝试"，是因为"全球化之路向何方"这个问题没有确定的答案。本章主要关注人口与经济的长期发展趋势。我推测，在人口和经济实力方面，全球化会继续强劲增长。这一章的重要发现以及探讨的核心在于，人口增长与经济增长之间将存在巨大差异。

人口动态

人口动态对一个国家或地区的经济增长和经济实力有着重大的影

响。目前，世界人口正以每年 8 300 万的速度增长。根据联合国的预测，2030 年地球上将有 86 亿人，2050 年将有 97 亿人。这相当于年增长率约为 0.75%。图 12-1 显示了联合国对部分国家和地区到 2050 年全球人口数量的最新预测[⊖]。

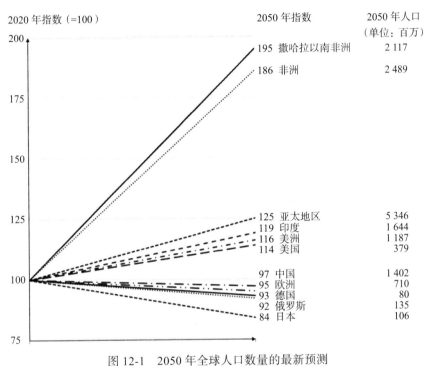

图 12-1　2050 年全球人口数量的最新预测

　　根据预测，到 2050 年，55% 的人将生活在亚太地区，26% 生活在非洲。这也就意味着超过 4/5 的人类将生活在亚太地区和非洲。欧洲人口将只占世界人口的 7.3%，北美洲和南美洲的人口加起来将占世界人

⊖　联合国《2019 年世界人口展望》。

口的 12.2%。印度将拥有 16.44 亿人口，成为全球人口最多的国家，比中国多 2.42 亿人口（即超过中国 17%）。非洲将经历迄今为止最强劲的增长，其人口将从目前的 13.4 亿增加到 2050 年的 24.89 亿，几乎翻番。相比之下，其他地区的人口增长更为平缓，甚至会出现人口缩减。预计日本人口数量将经历 2 000 万或 16% 的急剧下降。图 12-1 展示了联合国采用"中等水平变量"（Medium Variant）方法预测的结果，这是联合国专家认为最贴切的人口预测数据。该图的数据是政界、商界和个体企业，当然也包括隐形冠军企业的重要规划依据。

尽管人口预测被认为是相对可靠的，但一些专家对联合国的预测越来越持怀疑态度。在《空荡荡的地球：全球人口下降的冲击》⊖一书中，作者布里克（Bricker）和伊比特森（Ibbitson）认为低出生率情境出现的可能性更大 [1]。查尔斯·古德哈特（Charles Goodhart）和马诺吉·普拉丹（Manoj Pradhan）在他们的著作《人口大逆转：老龄化、不平等与通胀》中也提出了同样的观点 [2]。在我看来，这些书中关于城市化和女性受教育程度提高导致人均生育率大幅下降的推理听起来很有说服力。低出生率情境假设女性比预测的中等出生率少生 0.5 个孩子。这意味着 2050 年世界人口将达到 85 亿而不是 97 亿，之后这个数量会下降。对中国来说，这个下降的幅度可能是巨大的。布里克和伊比特森表示："到 2100 年，中国人口将下降到 7.54 亿左右，中国人口可能会减少近一半。" [3] 我对联合国关于德国人口的预测也持有不同的意见。在我看来，2050 年德国人口将达到 9 300 万，而不是联合国预测的 8 000 万。自 2014 年以来，德国人口数量已经增加了 200 万。如果每年因移民而

⊖ 本书简体中文版已由机械工业出版社出版。

继续增加 30 万人，那么到 2050 年德国最终将拥有 9 300 万人口 [4]。

无论如何，世界人口将不断增长并且重心将继续向非洲和亚太地区转移。个别国家和地区的发展将大相径庭。隐形冠军企业的战略也必须适应这些变化。

经济实力与增长

人口数量的增长并不一定意味着经济实力的增强，仅仅基于人口预测来预计未来 30 年的经济增长和 GDP 水平是非常片面的。我们把对经济预测的范围限定在未来 10 年，即到 2030 年，这也是许多公司在实际规划中的视野范围。图 12-2 展示了世界银行对某些国家和地区 2030 年 GDP 的预测⊖。其中，纵轴是 2030 年的 GDP 值，横轴是 2019 ～ 2030 年 GDP 的绝对增长值。

全球 GDP 将从 2019 年的 84.0 万亿美元增加到 2030 年的 113.2 万亿美元，增长 34.7%。这 29.2 万亿美元的绝对值增长意味着全球经济在未来 10 年的扩张相当于美国 GDP 的 1.5 倍。到 2030 年，美国的 GDP 将继续位居第一，而中国将以其增长幅度领先。经济实力和增长将继续集中于少数地区。包括美国、中国和欧盟在内的三大经济体将在 2030 年创造 54.4% 的全球 GDP。三大经济体对全球 GDP 增长的贡献

⊖ 资料来源：世界银行世界发展指标，国际货币基金组织（IMF）的国际金融统计，IHS 全球洞察，牛津经济预测，以及美国农业部、经济研究处制定的估计和预测值，以上均转换为以 2010 年为基准年。这些数据更新于 2020 年 3 月 20 日。

份额大致为 53.5%，其中一半以上都来自中国[⊖]。

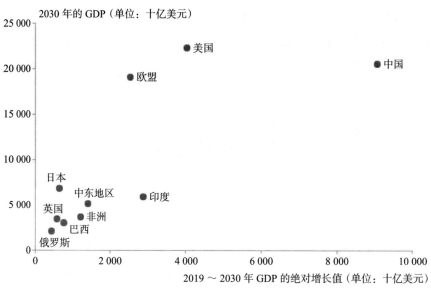

图 12-2　到 2030 年的 GDP 及其增长

　　到 2030 年，英国、日本、巴西、印度、俄罗斯、非洲和中东地区
（伊朗、伊拉克、沙特阿拉伯和土耳其）将创造全球 GDP 的 26.9%，对
全球 GDP 增长的贡献份额大致为 27.0%。这些国家的 GDP 增长并没有
预期那么高，主要受以下多方面原因影响：其中日本和英国的 GDP 起
点高，但增速慢；其余国家的增长率较高，但起点较低；俄罗斯 GDP
增长的绝对值最低，为 4 150 亿美元（+23.7%）；非洲增长了 47.5%，但
因为起步基数较低，增长绝对值仅为 1.201 万亿美元，这仅仅是中国经
济增长的 13% 或美国经济增长的 29.7%。

　　⊖　如果将英国和瑞士包括在欧盟范围内，该数据可达 58.4%。

人口经济分化

那么在人口与经济方面，"全球化之路向何方"这个问题的答案是什么呢？对一家企业来说，"人口规模和购买力哪个更重要"取决于它所经营的产品。如果一家企业销售低价智能手机，则它主要受人口规模的影响，因为即使在较贫穷的国家，几乎每个消费者也都会购买手机。如果一家企业主营先进医疗技术，那么GDP更有可能成为评估市场潜力的相关指标。究其根源，一个国家所能提供的商业和增长机会还是来自其GDP的规模和增长，而不是其人口的绝对规模。尽管非洲的人口到2050年将几乎翻一番，但在未来10年中，非洲在全球GDP的份额将仅仅从3.0%增加到3.3%，增幅微乎其微。无论是从绝对水平还是从社会角度——增长水平方面，主要经济力量都将继续集中于美国、中国和欧盟。

新冠疫情可能会加剧这种差异。在一项针对美国经济学家的调查中，62%的经济学家认为新冠疫情将对发展中国家造成不利的影响[5]。不管接受与否，对许多隐形冠军企业而言，争夺全球市场领导权的战场仍然将集中于美国、中国和欧盟。如果没有在美国、中国和欧盟中拥有强大的市场地位，一家企业就无法成为或保持住隐形冠军的地位。在其他市场的成功很难抵消其在美国、中国和欧盟市场的逊色表现。因此，对隐形冠军企业或者希望成为隐形冠军的企业而言，首要目标是必须在美国、中国和欧盟市场中大放异彩。如何保持处于第一梯队是隐形冠军企业面临的巨大挑战，尤其在全球化组织构建、市场表现、创新以及数字化方面。转型升级的必要性当然也显而易见。

参考文献

1. Bricker, D., & Ibbitson, J. (2019). *Empty planet—The shock of global population decline*. London: Little, Brown Book Group.
2. Goodhart, C., & Pradhan, M. (2020). *The great demographic reversal: Ageing societies, waning inequality, and an inflation revival*. London: Palgrave Macmillan.
3. Bricker, D., & Ibbitson, J. (2019). *Empty planet—The shock of global population decline*. London: Little, Brown Book Group, quote: Kindle position 2504.
4. Simon, H. (2016, February 25). 93 Millionen werden wir sein. *Die Zeit*.
5. Rodrik, D. (2020, May 4). *The future of globalization after the Covid crisis*. Webinar, Princeton Bentheim Center for Finance.

第 12 章描述了全球人口和经济发展的大致脉络，我们现在更详细地看看直接影响商业发展的政治、法律和文化结构。在未来 10 年中，全球企业将在不断变化的条件下运营，这导致它们将面临更大的不确定性和波动性。在这种情况下，隐形冠军企业的天然优势——"敏捷性"（Agility）将显得更加重要。

全球化的赢家

毫无疑问，全球化给世界带来了巨大的繁荣，但其中的利益分配却非常不均衡。《2020 年全球化报告》对 45 个国家在 1990 ～ 2018 年因全球化而获得的财富收益进行了量化[1]。表 13-1 展示了从全球化中受益最多的 12 个国家的人均累计收益，其中日本的人均累计收益最高，为 50 044 欧元。

表 13-1 1990 ～ 2018 年全球化带来的人均累计收益

排名	国家	自 1990 年来的人均累计收益（欧元）
1	日本	50 044
2	爱尔兰	45 060
3	瑞士	44 329
4	芬兰	37 618
5	以色列	35 711
6	荷兰	32 684
7	德国	31 133
8	丹麦	29 988
9	斯洛文尼亚	27 685
10	韩国	25 039
11	希腊	24 365
12	奥地利	24 356

与之对应，表 13-2 展示了从全球化中人均受益较少的几个国家。

表 13-2 从全球化中人均受益较少的国家

排名	国家	自 1990 年来的人均累计收益（欧元）	自 1990 年来的人均累计收益占人均 GDP 的百分比
26	美国	12 650	52%
39	巴西	3 806	85%
41	俄罗斯	3 213	92%
42	中国	2 658	835%
45	印度	671	174%

首先从表 13-2 的第三列可以看出，美国并不在全球化的主要受益者之列。同样令人意外的还有中国看似不佳的表现，由于人口较多，在人均比较值上通常较低（例如出口、专利等）。然而，对中国来说，表现不佳的只是人均累计收益。从表 13-2 的第四列的相对值中可以看出，中国是全球化的杰出赢家。全球化带来的累计收益是中国 1990 年人均

GDP 的 8.35 倍[⊖]，相比之下，这个数字在印度只有 1.74。这一相对指标同样也表明，美国确实从全球化中获益最少。这或许可以解释为什么许多美国人对全球贸易持批判的态度。

尽管取得了巨大的繁荣，但目前全球化面临着越来越多的质疑。在最近一项面向经济学家的调研中，86% 的经济学家认为有必要重新思考全球化。一位作家甚至提出了"从超级全球化中撤退"[2]。一家银行的研究也指出："全球化已经走到了尽头。"[3]

在新冠疫情的影响下就仓促得出这样的结论似乎为时过早。一位研究历史危机的专家表示："正如人们常说的那样，2020 年后世界将不再是原来的世界，这是一种由于从科学角度难以感知而导致的事实简化。"[4]《金融时报》基于对几项研究的分析，得出了一个更为简洁的结论，即"关于全球化走到尽头的报道被过分夸大了"[5]。

全球化的未来其实并不明朗，一些自由贸易协定计划已经完全失败（如欧盟和美国之间的协议）或部分失败（美国退出后的跨太平洋伙伴关系协议）。后来被称为区域全面经济伙伴关系协定（RCEP），是在 15 个环太平洋国家之间完成的。欧盟与加拿大、欧盟与日本、英国与日本之间都达成了自由贸易协定。预计未来几年仍将有 1 400 亿美元的资金流入全球化市场[6]。拜登总统上任后的首批行动之一就是扭转其前任让美国退出世界贸易组织（WTO）的做法。

⊖ 关于中国 GDP 的发展，见：https://de.wikipedia.org/wiki/Liste_der_L%C3%A4nder_nach_historischer_Entwicklung_des_Bruttoinlandsprodukts_pro_Kopf.

81   第13章　全球化之路向何方：动态结构

更多的全球化？

在当前形势下，更明智的解决方案是更多而不是更少的全球化。两组数据可以用来支持这个观点。2019 年，德国人均出口额为 18 018 美元，而中国和印度的人均出口额分别为 1 797 美元和 240 美元。换句话说，中国的人均出口额仅为德国的 10%，印度仅为德国的 1.3%。这种比较意味着什么？意味着印度需要更多地出口以获得从工业化国家采购基础设施产品、机械、飞机等，从而"站稳脚跟"。非洲也是如此。2019 年，德国企业向瑞典出口了价值 249 亿欧元的商品。同年，德国对非洲所有国家的出口总额达到 237 亿欧元，从非洲的进口总额也达到 244 亿欧元。瑞典仅有 1 020 万人，非洲的人口是瑞典的 120 倍。很明显，非洲必须出口更多，才能从德国进口更多以"站稳脚跟"。

知名经济学家都认为世界需要更多的全球化。德国经济专家委员会（German Council of Economic Experts）主席拉尔斯·费尔德（Lars Feld）表示："在我看来，我们需要更多而不是更少的全球化，以便为未来的危机提供缓冲。"[7] 政策制定者应努力制定必要的框架，以促进进一步的全球化。贸易自由与社会措施相辅相成非常重要。正如哈佛大学经济学家丹尼·罗德里克（Dani Rodrik）所言："福利国家的扩张使得人们在政治上支持经济开放。"[8] 隐形冠军企业需要自由的全球贸易来激发它们的全部潜力。它们相对较小的规模实际上可能是一种优势。大型企业处于公众和政治的聚光灯下，而隐形冠军企业由于低调反而可以在公众关注的范围内正常运转。基于这种思路，全球化专家潘卡吉·盖马沃特（Pankaj Ghemawat）推测："对全球化的抵制就是对大型企业的抵制。"[9]

全球化的转变

尽管我呼吁贸易自由，但我预期全球化将发生转变，即商品出口将日益被服务出口和直接投资所取代。如第 12 章所述，近年来，服务出口的增长已经快于商品出口。然而，外商直接投资受到资本市场的强烈影响，出现了一种更不稳定的趋势。从短期来看，新冠疫情导致了发展中国家的资本大量外流 [2]，资本市场对外商直接投资的影响不会消失；但从长远看，它也不会妨碍外商直接投资的增长。因此，隐形冠军销售中的出口份额将会下降（目前为 60%），而其国外子公司的销售比重将会上升 [10]。自 2010 年以来，德国隐形冠军在海外雇用的员工数量已经超过了在德国本土的员工数量。

如今，许多隐形冠军超过 90% 的销售额来自出口 [11]。我认为这种情况不会一直如此。很多理由都支持企业采取直接投资的方式替代出口产品，其中，关税提高和贸易壁垒是最突出的理由。新冠疫情暴露了复杂的全球供应链的巨大风险。企业往往看到的是降低成本和提高效率的机遇，却可能低估了供应链复杂性带来的风险。正如一家德国隐形冠军企业的负责人所问的那样："在中国制造 200 个零部件，然后把它们运到德国组装成最终产品，这真的有意义吗？"

增加库存可以缓解这种供应链的风险，但它们会带来更高的成本，而且在长期危机时期这并不是万能的解决方案。将最终装配工作转移到中国，而在德国生产更多的零部件或者在当地购买更多的原材料可能更有意义。一位专家指出："全球化在一定程度上正在走向区域化；然后，完整的产品流将在一个市场内被组织起来。"[12] 哈佛大学教授史兆威（Willy C. Shih）的表述如下："企业面临的挑战将是在不削弱其竞争力的情况下，使其供应链更具弹性。"[13]

在这种情况下，环境问题正变得越来越重要。为什么这么多的产品需要在世界各地大量运输？来自法国的依云矿泉水在全球各地高档酒店的冰箱中都可以找到。在越南北部下龙湾的一艘船上，我喝到了德国领先品牌德劳特沃（Gerolsteiner）的苏打水。这些国际品牌的价格很容易就超过当地矿泉水价格的 10 倍。我真心怀疑是否有人能蒙着眼睛就把它们区分开来。那么为什么还要大费周章地运输？原因很简单：营销和品牌创造的附加价值高于运输成本。但是，我们仍要怀疑运输费用是否充分反映了这个过程中对环境的破坏，即所谓的外部性。

新冠疫情表明，全球健康和安全产品价值链存在极大的风险。印度在某些药物的全球产量中占有很高的份额。全球上最大的疫苗制造商是印度血清研究所，它也是一个隐形冠军。对于存在着系统性风险的领域，全球合作可能会缩减。

新冠疫情并不意味着全球化的终结。实际上美国和欧洲获得的海外投资增加，也加强了它们的实力[14]。根据一项调查显示，2/3 的欧洲高级经理人认为，由于新冠疫情，欧洲在全球供应链中扮演生产地的角色变得更加重要[15]。同样的情况可能也适用于美国。

运输成本下降

毫无疑问，运输成本的稳步下降是全球化的推动力。如图 13-1 所示，货运、客运航班和国际电话的实际成本已经下降到原来的 1/5 甚至更低 [16]。这些成本已经跌至谷底，不可能再进一步下降了。事实上，海运和空运的成本更有可能再次上涨，这意味着物流成本下降对全球化的刺激将不会持续，至少就实体物品层面而言是这样。

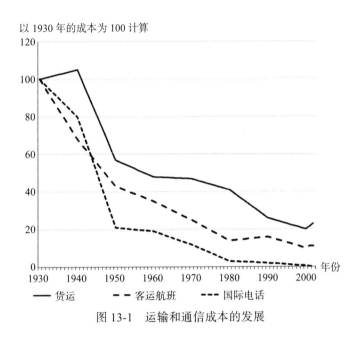

图 13-1　运输和通信成本的发展

去物质化

去物质化是未来实物出口额增长可能放缓的另一个原因。在过去，建造一条横跨大西洋的电缆需要 12 万吨铜。如今，可以完成同等传输力的卫星只需要几百千克的金属。重量不足 200 克的智能手机更是替代了一系列产品，如照相机、计算机、收音机和导航设备。3D 打印也是

　　　　　　　　　第13章　全球化之路向何方：动态结构

去物质化的，与在一个国家生产产品并出口到目标市场不同，企业先将数据发送到目标市场，然后使用附加制造工艺来制造成品。麻省理工学院研究员安德鲁·麦卡菲（Andrew McAfee）在他的《以少创多》（*More from Less*）一书中对去物质化做出了全面分析[17]。在美国，尽管经济持续增长，但几乎所有原材料的消费多年来一直在下降或停滞。麦卡菲认为数字化和资本化是去物质化的关键驱动力。数字化的作用是显而易见的。资本化的竞争也起着核心作用，因为它需要不断削减成本和节约材料。要做到去物质化，最有效的方法是用信息取代物理材料或运输。

区位竞争力同化

公司往往根植于其发源地（国家和文化）。与传统的、国际化程度较低的公司相比，一些跨国公司的这种国家纽带较弱。企业放弃国家纽带的一个好处是可以在最理想的地点自由地开展某些活动。我称之为"区位竞争力同化"（Location-competence Assimilation）。西门子首席执行官博乐仁（Roland Busch）谈到"全球本土化"时表达的含义也与此相似[18]。然而任何能发挥最佳效果的活动绝不局限于大型跨国公司。任何面临全球竞争的公司都必须采用区位竞争力同化，隐形冠军也不应该对这种必要性视而不见。

服务于各自地区的市场显然是目前的趋势。许多德国隐形冠军已经在实践这一点。伟巴斯特（Webasto）是全球汽车天窗系统市场的领导者，生产面向具体市场的独特性产品[19]。流体应用领域的隐形冠军特思通管路技术集团（Tristone Flowtech Group）的首席执行官金特·弗罗利希（Günter Frölich）表示："我们在中国生产的产品只针对中国市场，我们的欧洲工厂只供应欧洲市场，我们的北美市场也只通过墨西哥和美国工厂供货。"[20]

当然，每个个案都必须考虑到规模经济和运输成本之间的关系。全球电池罐市场的领导者海金杜门的首席执行官克里斯蒂安·迪默（Christian Diemer）评论道："将一个集装箱从世界的一端运输到另一端的成本是非常低的。在理想情况下，海运对环境影响的外部成本也必须计入集装箱运费。由于这是一项全球性业务，其中就存在'谁来计算这个费用？'的问题。因此，在没有世界政府的情况下，这些货物可能会继续以这样的价格运输。那么，其中的商业问题在于一个集装箱可以容纳多少价值的货物，同时运输成本占产品价值的百分比有多高。对于简单的钢材，运输成本相对于其价值来说是昂贵的。例如我们的电池罐，它们运输困难，物流成本很高，因此进行本地生产更经济。但我们生产类似的哮喘喷雾剂罐，由于使用的特殊材料和制药行业的要求，它们具有较高的价值。与电池罐相比，喷雾剂罐包含的价值要大得多，在规模经济下生产地选择的天平则会向欧洲制造倾斜。"⊖

选址决策的逻辑必须进一步扩展。假若中国能够为生产产品或开展研发活动提供最佳条件，那么我们强烈建议一家活跃在全球的公司在中国开展研发活动。如果你在硅谷或印度看到有利的条件，那么你也应该选择那里。正如德国默克集团原首席执行官欧思明（Stefan Oschmann）所说，"我们应该变得更亚洲化"[21]。反之亦然。如果德国提供了最佳

⊖ 与克里斯蒂安·迪纳 Christian Diener 的个人访谈，2020 年 9 月 21 日。

的条件，那么中国人、美国人或印度人应该把他们的业务设在德国。这正是中国在汽车设计中心所做的，也是特斯拉（Tesla）在靠近柏林的格吕恩海德（Grünheide）超级工厂（Gigafactory）所践行的。在一个有100家中国汽车供应商参加的会议上，它们中的许多表示有意在德国投资和生产，以便向德国汽车制造商供货。我预计，在未来几年里，全方位的外商直接投资将增长迅速。这一过程将采取各种形式，如新建工厂、收购和建立合资企业。

旅行还是在线会议

在新冠疫情期间，旅行尤其是国际航空旅行几乎陷入停滞。然而令人惊讶的是，全球商业并没有完全崩溃。尽管策划者、工程师、销售人员、顾问和服务技术人员不能再出差和与客户当面交流，但国际货物贸易仍在继续，只是活跃度有所下降。

交流就是一种沟通，商业人士总能随机应变。在线通信很快取代了面对面交流。Zoom 和类似的软件呈现出在以前无法想象的繁荣。仅在西蒙顾和 2020 年的运营过程中，就发生了 41.5 万次 Zoom 会话。

这是否意味着"Zoom 全球化"将取代"旅行全球化"？一些原因能够解释这种不全面却持续存在的转变：节省时间，减少身心压力，以及减弱环境因素带来的影响。像我经常做的那样，从德国飞到上海或北京去做一个简短的讲座，这是否合理？这样的旅行会对空气带来两吨一氧化碳的污染。更不用说至少还需要航行 48 小时，回来时人已经筋疲力尽。在新冠疫情期间，我在家通过 Zoom 做了这样的讲座。如果讲座需要更专业一些，我就请一个摄影团队来录制这次演讲。时间、成本和环境只是一方面，另一方面则是关注交流的好处或价值。首先，要考虑量化收益。在中国，面对面的会议最多只有几千名听众，而我的一次云演讲的听众却能达到 2 000 万人，在印度的视频访谈也达到了 14 000 名观众。但在交流的质量方面，则无法由这样的量化数字来刻画。相较于线上交流，线下交流的价值是什么？这种差异如何改变咨询或销售对话、会谈、讨论会或讲座中沟通的价值？

在最近的一项研究中，哈佛大学研究人员得出结论，如果商务旅行被永久取消，全球 17% 的经济产出将面临风险[22]。商务旅行对于知识和技术的传播是必不可少的，复杂的知识可以在现场专家的个人培训中实现最有效的传递。根据研究，人们出差最频繁的目的地是公司自己的子公司。汽车制造商的员工前往国外工厂的频率越高，这些工厂随后的生产效率就越高。研究人员证明了这种关系并非偶然，且可以持续数年。

在通过商务旅行实现技术诀窍输出或传播方面，德国居于首位，领先加拿大、美国、英国、韩国、法国和日本。印度排在第 12 位，巴西排在第 15 位，中国排在第 17 位。奥地利、爱尔兰、瑞士、丹麦、比利时和新加坡是技术诀窍的最大受益者。

该研究的主要研究人员里卡多·豪斯曼（Ricardo Hausmann）总结道："我们的研究表明，世界将为商务旅行的停止付出巨大的代价，这一点在危机后随着产量的增长、就业以及产出的下降将变得更加明显。"[23] 这项研究表明，在全球化方面，只有部分商务旅行和交流应该被在线通信所取代。全球化的进展将继续在很大程度上取决于国际流动性和现场面对面交流。

参考文献

1. Prognos AG. (2020, June). *Globalisierungsreport 2020: Wer profitiert am stärksten von der Globalisierung?* im Auftrage der Bertelsmann Stiftung, Baseline.
2. Rodrik, D. (2020, May 4). *The future of globalization after the Covid crisis.* Webinar, Princeton Bentheim Center for Finance.
3. Bayern LB/Prognos. (2020, June 30). Die Globalisierung ist zu Ende: Deutschland muss sich neu erfinden—Study of Bayern LB and Prognos: Deutschland braucht dringend ein neues Geschäftsmodell, Berlin/Munich.
4. Näther, B. (2020, September 9). Schlimme Zeiten stehen uns bevor—Wie uns die Covid 19-Epidemie mit historischen Erfahrungen verbindet—und warum diese Verbindung trügerisch ist. *Frankfurter Allgemeine Zeitung*, p. N1.
5. Tett, G. (2020, December 3). Reports of globalisation's death are greatly exaggerated. *Financial Times*.
6. BNY Mellon. (2020, October 6). *New haven in Chinese bonds.* New York.
7. Heuser, H. (2020). Mehr statt weniger Globalisierung, Interview with Lars Feld, *Institutional Money*, 2, pp. 32–42, here p. 42.
8. Retrieved from https://drodrik.scholar.harvard.edu/files/dani-rodrik/files/wars_das_jetzt_mit_der_globalisierung.pdf.
9. Ghemawat, P. (2017). Globalization in the age of trump. *Harvard Business Review*, p. 123.
10. Rammer, C., & Spielkamp, A. (2019). *The distinct features of hidden champions in Germany: A dynamic capabilities view*, Mannheim: ZEW. The authors put the export share of the Hidden Champions they researched at 63 percent.
11. N.A. (2019, November 26). Diese 40 Top-Mittelständler machen über 90 Prozent Auslandsumsatz. *Die Deutsche Wirtschaft*.
12. N.A. (2020, November 2). Die Industrie ist nicht schlank, sondern magersüchtig. Interview, *Wirtschaftswoche*, special edition, pp. 34–35, here p. 35.
13. Shih, W. C. (2020). Global supply chains in a post-pandemic world. *Harvard Business Review*, p. 84.
14. Karabell, Z. (2020, March 20). Will the Corona-Virus bring the end of globalization? Don't count on it. *Wall Street Journal*.
15. Bastian, N. (2020, September 4). Unternehmenschefs sehen Wirtschaftsstandort Europa durch Corona gestärkt. *Handelsblatt*.
16. Retrieved from http://www.oecd.org/economy/outlook/38628438.pdf.
17. McAfee, A. (2020). *Mehr aus weniger: Die überraschende Geschichte, wie wir mit*

weniger Ressourcen zu mehr Wachstum und Wohlstand gekommen sind—Und wie wir jetzt unseren Planeten retten. Munich: Deutsche Verlagsanstalt.

18. Meck, G., & Theurer, M. (2020, October 18). Was bleibt von Siemens, Herr Busch. Interview, *Frankfurter Allgemeine Sonntagszeitung.*

19. Frohn, P., Macho, A., & Salz, J. (2020, March 13). Wie viel Globalisierung ist gesund? *Wirtschaftswoche*, pp. 47–49, here p. 49.

20. Interview with Günter Frölich, Investment Plattform China/Deutschland, 2/2020, p. 8.

21. N.A. (2020, September 9). Merck-Chef Stefan Oschmann: Wir sollten asiatischer werden. *Handelsblatt.*

22. Coscia, M., Neffke, F., & Hausmann, R. (2020). Knowledge diffusion in the network of international business travel. *Nature Human Behavior.* https://doi.org/10.1038/s41562-020-0922-x

23. Hausmann, R. (2020, August 10). *Why zoom can't save the world.* Retrieved from project-syndicate.org.

第14章

目标市场：美国

规模和增长决定了市场的吸引力。对德语国家的隐形冠军来说，这让美国和中国与本土市场（欧洲）一同成为它们的首选市场。要想在全球市场上占据主导地位，就必须在本土市场上占据一个强势的地位。德国一半以上的出口（58.6%）流向欧盟，但对德国公司来说，最大的单一国家市场是美国，占德国出口额的8.9%。如果包括加拿大和墨西哥，北美占德国出口额的11%，而中国占德国出口额的7.2%。

规模和增长将继续使美国和中国成为未来10年德国隐形冠军极其重要的目标市场。正如第12章所提到的，到2030年，美国仍将拥有最高的GDP。与此同时，到2030年为止，中国是GDP增长幅度最大的市场。

哪个目标市场更重要

对德国公司和隐形冠军来说，未来哪个目标市场更重要：中国还是美国？这是一个有趣但不容易回答的问题。毫无疑问，欧洲在政治、历史和文化上更接近美国，这种主观的邻近感会影响人们对地理距离的感知。实际上，德国到两国的飞行时间大致相同——法兰克福到纽约的飞行时间是 8 小时 40 分钟，而到北京是 9 小时 15 分钟。这同样适用于更遥远的城市——法兰克福到洛杉矶（11 小时 35 分钟）和香港（11 小时 30 分钟）的旅行时间几乎相同。德国等欧洲中部国家位于美国和中国之间，是打入这两个巨大市场的理想位置。

那么，德国公司和隐形冠军在这两个目标市场的成功程度如何呢？就德国的出口额而言，美国（1 190 亿欧元）领先于中国（960 亿欧元）。但如果我们衡量市场渗透，即德国出口额相对于目标市场 GDP 的份额的话，德国公司在中国的"市场份额"为 0.76%，比在美国的 0.62% 更强⊖。这在很大程度上也适用于德国汽车工业。大众（Volkswagen）在中国的市场份额约为 15%，而在美国仅为 3.8%。

对德国隐形冠军来说，这两个市场都是不可或缺的。德国政界和商界必须尽其所能，避免陷入潜在的市场竞争中。对隐形冠军来说，美国和中国同样重要。与欧盟一起，它们约占未来全球市场潜力的 60% 左右，占德国出口额的 75%。为了成为或维持隐形冠军的身份，德国公司必须关注这三个市场。

⊖ 这个相对值只作为一个指标，本身并没有什么意义，因为 GDP 是价值创造的总和，而出口额是收入的总和。

跨大西洋：一个失败的梦想？

在 20 世纪 90 年代，人们普遍认为美国和欧洲正在成长为一个经济共同体。最明显的标志是戴姆勒 – 克莱斯勒公司（DaimlerChrysler）在 1998 年 11 月 17 日的合并。作为德国主要的商业月刊《经理人杂志》（*Manager Magazin*）的评委会成员，我投票支持促成合并的于尔根·施伦普（Jürgen Schrempp）成为"年度最佳经理人"。杂志写道："专家们赞扬了于尔根·施伦普勇敢而富有远见的做法，并被他与克莱斯勒（Chrysler）惊人的交易所吸引。虽然该交易尚未完成，也不能绝对避免失败，但这次合并的背后是一个典型的前瞻性决定。"[1] 我热情地分享了一个美欧经济区的愿景，并创造了"跨大西洋"（Transatlantica）一词 [2]。当时美国驻德国大使约翰·科恩布卢姆（John Kornblum）是这一愿景的著名支持者。他评论道："如果我们共同的有机体，即管理顾问赫尔曼·西蒙所说的'跨大西洋'要繁荣发展，我们必须采取更多措施来调整共同体中不同地区的最佳实践。"[3]

事实证明，跨大西洋只是一个幻觉。具体表现就是仅在几年后，于尔根·施伦普就被《商业周刊》选为"年度最差经理人"[4] 以及戴姆勒 – 克莱斯勒随后的解散。然而，未来跨大西洋的愿景不应该就此被放弃。

艰难的挑战

对德国和欧洲的公司来说，美国市场在过去、现在和将来都是一个艰难的挑战。这对大型企业和中型企业都是如此，包括隐形冠军。德国邮政敦豪集团（Deutsche Post DHL）、廷格尔曼集团（Tengelmann）、莱茵集团（RWE）、蒂森克虏伯集团（Thyssen Krupp）等大型企业在美国市场上没有成功，已经部分或全部退出。阿迪达斯收购锐步也是一场败局。对一些德国公司来说，美国误导性的承诺甚至导致了它们的灭亡，其中包括20世纪80年代全球最大的制药公司赫斯特公司（Hoechst AG），还有因仓促收购美国再保险集团（American reinsurer Constitution Re）而倒闭的大型保险公司戈林集团（Gerling Group）。另一些德国公司则正处于艰难境地，如收购了孟山都（Monsanto）之后的拜耳。

反过来看，事情也并非一帆风顺。沃尔玛在德国只经营了几年就认输了。在多年的严重亏损之后，通用汽车将欧宝出售给了法国的标致雪铁龙集团，后者成为现在的Stellantis集团。2018年，在收购德国百货连锁店考夫霍夫百货（Galeria Kaufhof）仅三年之后，加拿大哈得孙湾公司（Hudson's Bay Company）承认失败，并将该连锁店转手卖给了西格纳集团（Signa Group）。

然而，有些德国公司在北美非常成功。费森尤斯70%的收入来自北美，德国电信（Deutsche Telekom）来自北美的收入占了一半。美国/北美市场占英飞凌（Infineon）和思爱普收入的比例分别为35%和33%。德国汽车制造商在美国市场的收入份额，戴姆勒（Daimler）占比26%，宝马（BMW）占比19%，大众（Volkswagen）占比17%。

还有些德国公司在北美创造了可观的收入，但在亚太地区的收入更多。这些公司包括默克公司（来自北美市场和亚太市场的收入分别占其总收入的 26% 和 35%）和阿迪达斯（来自北美市场和亚太市场的收入分别占其总收入的 23% 和 34%）。还有一些大型德国公司在美国几乎没有业务。世界第二大保险公司安联保险（Allianz）在美国的保费收入仅占整体收入的 8.6%。德意志银行贷款业务的应收账款中，只有 10.7% 来自美国。而德意志交易所集团（Deutsche Börse）和大型房地产企业沃诺维亚（Vonovia）等其他德国 DAX 指数公司，实际上在美国几乎不活跃。

我们很难全面了解隐形冠军在北美的表现，因为许多隐形冠军都没有报告区域销售情况。全球内窥镜市场的领导者卡尔史托斯（Karl Storz）在美国的销售额占其总销售额的 44%。Leanix——成立于 2012 年的企业架构软件供应商，其 39% 的销售额来自美国。对实验室设备供应商赛多利斯（Sartorius）而言，这一比例为 34%，而西蒙顾和是 27%。

旗下拥有几家隐形冠军公司的科德宝集团（Freudenberg Group）26% 的收入来自美国。据专业黏合剂制造商德路（Delo）报告，其在美国的收入占比明显低于 11%。一些隐形冠军来自美国的销售额不到 10%，或者在美国没有重要业务。另一些公司出于各种原因，特意决定不进入美国市场。其中包括领先的风力涡轮机制造商爱纳康，该公司直到现在才计划进入美国市场 [5]。在美国市场，服务提供商的处境比产品提供商更艰难，所以前者在美国的销售额很低。德国莱茵集团是世界领先的检验和认证公司之一，在美国市场的销售额仅占其总销售额的 8.6%。在许多领域都处于全球市场领导地位的德国展会公司，在美国吸引的游客仅占其数百万游客的 3.1%。

更高优先级的美国市场

北美的重要性绝不仅限于出口。在跨大西洋地区开展业务需要欧洲视角，而不是纯粹的德国视角。2019 年，美国从欧盟进口了价值 5 150 亿美元的商品，而欧盟从美国进口了 3 370 亿美元的商品[⊖]，这相当于美国在商品贸易上有 1 780 亿美元的逆差。但在服务贸易上的情况正好相反：欧盟对美国的服务出口额为 2 360 亿美元，而美国对欧盟的服务出口额为 3 120 亿美元，这使美国有 760 亿美元的顺差。大西洋两岸的服务交换总额达 5 480 亿美元。

大西洋两岸的直接投资数据更惊人。美国约 61% 的外商投资流向欧盟。反过来，美国 50% 的外商投资来自欧盟。美国公司在欧洲雇用了 490 万人，而欧洲公司在美国雇用了 470 万人。

德国公司对美国公司的收购也有强劲的上升趋势。贝塔斯曼（Bertelsmann）收购了出版商西蒙与舒斯特（Simon & Schuster，19 亿美元），西门子医疗（Siemens Healthineers）收购了竞争对手瓦里安（Varian，160 亿美元），戴姆勒收购了卡车制造商纳威司达（Navistar，37 亿美元），CompuGroup Medical 收购了 Physician Information System（2.4 亿美元）。摩根大通（JP Morgan）德国投资银行业务主管克里斯蒂安·凯姆斯（Christian Kames）表示："美国是德国企业进行跨国收购时最重要的目标市场。"[6]

⊖ 此处和以下数据来源：Hamilton, D. S. & Quinland, J. P. (2020). *The Transatlantic Economy 2020, Annual Survey of Jobs, Trade and Investment between the United States and Europe*, Baltimore: Johns Hopkins University, Paul H. Nitze School for Advanced International Studies.

数字化给跨大西洋一体化带来了额外的压力。跨大西洋的数据流比跨太平洋的高55%。全球大约3/4的数字内容是在跨大西洋地区生成的，而大西洋两岸关系作为创新的驱动力尤为重要。欧盟公司每年在美国的研发支出为440亿美元，而美国公司每年在欧盟的研发支出为330亿美元。对那些想要跟上"全球一体化"步伐的公司来说，在美国拥有强大的研发力量是必不可少的，因为大量的全球创新思维和研究仍然源自美国。从德国和欧洲的角度来看，美国市场理应拥有很高的优先级，需要它们迎头赶上。这一点也适用于隐形冠军。

克服障碍

为什么相对来说美国市场在过去一直被忽视？这对未来有什么启示？一个显而易见的答案是，许多公司在过去20年里一直专注于中国市场的开发。通常而言，在一个新的、快速增长的市场中夺取市场份额比打入一个成熟的市场并从竞争对手那里夺取市场份额要容易得多。美国市场的竞争非常激烈，老牌企业大多拥有强大的财务实力和稳固的市场地位。美国市场的巨大规模产生了进入壁垒，只有通过巨大的投资和坚持不懈才能攻破。

企业往往低估了欧美消费者之间的差异，因为它们认为欧美消费者都接受西方文化，因此他们想要的东西是一样的。一家德国室内设计产品供应商在美国消费者的颜色偏好上遇到了重大问题。一家空调系统部件制造商发现，其产品的低噪声水平在美国是一个劣势，因为美国人想要"听到"他们的空调。美国的零售市场甚至比欧洲更集中于大型连锁店，因此如果想接触到终端消费者，在沃尔玛等连锁店上市是很有必要的。对于像隐形冠军这样鲜为人知的中型企业，上述因素形成了它们进入市场的巨大障碍。

美国的法律制度也起着威慑作用，特别是在责任问题上需要非常谨慎。与其他地方一样，真正新颖的产品和服务在美国市场拥有的机会最大。例如，西蒙顾和之所以能相对较快地进入美国市场，是因为定价咨询是一种创新。

最后，一个关键的成功因素是吸引能胜任的员工的能力。一方面，美国最优秀的毕业生基本上都是由他们所就读的精英大学预先筛选出来的。企业对这些精英的争夺非常激烈。另一方面，企业很难找到符合德国标准的熟练工人。比如，美诺（Miele）在吸引能维护和修理其机器的技术人员方面遇到了很大的困难。通常在这种情况下，唯一的解决办法就是内部培训。

美国资本市场

在可预见的未来，纽约仍将是世界上最重要的金融中心。在纽约证券交易所尤其是纳斯达克（NASDAQ）实现的估值在欧洲是无法想象的。对资本要求较高的企业和希望发挥全球性作用的银行来说，在纽约立足是必不可少的。对于某些行业（如生物技术和高科技行业）的隐形冠军，情况也是如此。

因新冠疫苗而备受关注的德国生物新技术公司（BioNTech）和

CureVac 没有在德国法兰克福证券交易所上市而是在美国纽约纳斯达克上市，这也不足为奇。德国生物新技术公司的首次公开募股（IPO）于 2019 年 10 月进行。2021 年初，其市值达到 257 亿美元。CureVac 于 2020 年 8 月上市，半年后市值达到 183 亿美元。这样的估值在德国证券交易所是难以想象的。其他德国生物科技公司，如 Centogene 和 Immatics 也在纳斯达克上市。

美国市场的高度重要性和吸引力将持续存在。隐形冠军将不得不投入更多的资源来渗透这个市场。它们绝不能低估想要进入这一市场并建立强大市场地位时遇到的困难，但从我在西蒙顾和的亲身经历来看，一切努力都是值得的。

参考文献

1. Retrieved from https://www.manager-magazin.de/unternehmen/karriere/a-167353. html.
2. Simon, H. (2000). Transatlantica: The New Atlantic century. *Harvard Business Review*, pp. 17–20.
3. Retrieved from https://de.usembassy.gov/de/globalisierung-und-die-new-economy-aus-personlicher-sicht/.
4. N.A. (2004, January 12). The worst managers: Jurgen Schrempp; DaimlerChrysler. *Business Week*, p. 72.
5. Retrieved from https://www.cleanthinking.de/windenergie-stuermische-zeiten-wie-geht-es-weiter/.
6. Smolka, K. M. (2020, December 5). Konzerne auf Jagd in Nordamerika. *Frankfurter Allgemeine Zeitung*, p. 25.

目标市场：中国

如果一个公司想在全球范围内发展并保持竞争力，就必须在中国开展业务。

中国拥有世界 18% 的人口，创造了全球 19% 的经济产出。虽然中国的人均收入目前略低于全球平均水平，但其高经济增长率可能很快会改变这一状况。到 2030 年，仅中国经济增长就将占全球经济增长的 31%。中国在单一产品和服务上所占的全球份额甚至更高。例如，中国的猪肉消费占全球份额的 54%。在过去几十年，以及未来很长一段时间内，高增长是且将一直是中国的主要吸引力。

简而言之，无论是在规模还是增长方面，中国和美国都对隐形冠军至关重要。虽然这两个大国的政治制度有着根本性的不同，但两国拥有相似的市场发展条件，包括完整的国家领土、全国通用的语言（英语和普通话）、全国适用的法规和标准、完备的运输和物流系统以及国家分销系统。但是，中国庞大的人口基数也给各种规模的公司带来了巨大的挑战。就连丰田（Toyota）都花了 15 年的时间才在中国建立了全国性的经销商网络——对于中型公司，这项任务更加艰巨，尤其是在建立服务网络方面。

中国市场的先行者

德国大公司早在 19 世纪就进入了中国市场。西门子公司自 1872 年以来一直活跃在中国，拜耳从 1882 年开始就在中国销售染料。1898 ~ 1914 年，中国青岛也成了众多汉萨（Hanseatic）贸易公司的所在地。

1975 年卡尔蔡司（Carl Zeiss）在中国成立了一家分公司，这比改革开放的提出还早几年。中国改革开放后，利勃海尔与当时的青岛冰箱厂进行了合作。这便是如今世界上最大的家电制造商之一——海尔这个名字的由来[1]。

1984 年，大众汽车公司开创性地在上海建立了生产基地。2020 年，由戴姆勒、宝马和大众组成的德国汽车集团在中国共售出 541 万辆汽车，占其总销量的 38.2%⊖。大众公司的投资吸引了一批中型供应商，其中就包括许多隐形冠军。德国企业的最大聚集地是距上海约一小时车程的太仓市。1993 年，首家在太仓落户的德国隐形冠军是克恩 - 里伯斯（Kern-Liebers），全球排名第一的安全带弹簧制造商，占全球市场份额

⊖ *China Table*, January 25, 2021.

的80%。从那时起，300多家德国公司紧随其后在太仓落户，其中包括52家隐形冠军。太仓称自己为德国人的"第二故乡"，为德国中小企业提供量身定制的生存环境，包括学校、文化中心和服务供应商。中国许多其他城市，以及一些新成立的工业园区，都借鉴了这一模式来吸引德国隐形冠军公司的投资。西蒙顾和管理咨询有限公司也支持了几个工业园区在这方面的发展。

德国隐形冠军在中国

如今，约有8 500家德国公司活跃在中国。它们经营着2 000多家工厂，其中大部分是新建工厂。超过一半的德国隐形冠军（53%）在中国拥有自己的公司，其中约60%是制造厂[2]。剩余的40%是销售和服务公司[3]。

员工数量凸显了隐形冠军中国子公司的重要性。全球汽车照明系统市场的领头羊、隐形冠军海拉（Hella）自1982年进入中国市场以来，雇用了5 200名中国员工，占公司总员工数的14%。全球天窗系统市场领导者伟巴斯特公司在中国雇用了3 500名员工（25%），卡尔蔡司3 200名（10%），贺利氏（Heraes）2 750名（18%），测量技术冠军久茂（Jumo）450名（19%），纺织机械制造商卡尔迈耶800名（25%）。卡尔迈耶集团首席执行官阿尔诺·加特纳（Arno Gartner）表示，"卡尔迈耶在过去15年的成功很大程度上取决于卡尔迈耶（中国）有限公司"[4]。

以上公司以及其他相似的先行者，主要从两方面受益于早期进入市场。其一，中国已经成为大多数公司最重要的销售市场。全球领先的化合物半导体制造设备制造商爱思强（Aixtron）在中国的销售额占其总销售额的46%，而伟巴斯特在中国的销售额占比（35%），几乎是其在美国（18%）的两倍。其二，作为主要的制造地，中国为隐形冠军的全球市场领导地位做出了重大贡献。

中国的最佳优势

正如我们前面所说的，一个公司最好去那些它们能做得最好的地方。那么，在中国能做得最好的事情是什么？这个问题同样适用于成熟产业和未来的新兴产业。以成熟产业中的煤炭开采为例。2018年，德国就停止了硬煤开采，褐煤开采时代将成为历史。如果采矿供应商在德国找不到更多客户，那么去哪里开展业务就成了一个问题。煤炭开采在中国扮演着非常重要的角色。因此，全球煤电厂测量和处理技术领域的市场领导者申克公司（Schenck Process），将其采矿部门迁到了北京。全球地下采矿用单轨铁路的第一大制造商 SMT 沙尔夫（SMT Scharf）在中国有三家公司，并凭借着它们在中国市场的强劲增长弥补了其欧洲业务的下滑。

隐形冠军未来应该在中国哪些产业中作为供应商或合作伙伴开展业务？全球水泵市场领导者、隐形冠军威乐（Wilo）的董事长兼首席执行官奥利弗·赫尔梅斯（Oliver Hermes）相信，亚洲将引领数字营销的道路。因此，威乐已经将其数字营销能力中心迁至上海。《中国制造2025》为上述问题提供了另一种答案。该文件列出了中国正在努力追求领先地位的十个重点领域：①新一代信息技术产业，②高档数控机床和机器人，③航空航天装备，④海洋工程装备及高技术船舶，⑤先进轨道交通装备，⑥节能与新能源汽车，⑦电力装备，⑧农机装备，⑨新材料，⑩生物医药及高性能医疗器械。

美国和欧洲有实力和意愿捍卫它们在这些领域的主导地位。但是，中国在部分领域处于领先地位。其占据了一半的电动汽车市场，生产了全球80%的汽车电池和70%的太阳能电池板[5]。中国在信息和通信技术（如人工智能）的一些方面非常先进。中国铁路总公司运营着迄今为止世界上最大、最具现代化的高速铁路系统。在航空航天领域，中国也在不断追赶。

中国的创新

在中国，每年有超过100万项专利申请，包括所谓的实用新型专利。然而，中国的专利标准与高度发达的工业化国家并不一致，所以直接比较专利数量没有意义。更值得关注的是中国在欧洲和美国的专利申请情况，如图15-1和图15-2所示。

在这两个地区，中国专利申请的增长都非常惊人。显然，中国在创新方面取得了巨大进步。企业要想参与到这种专业技术的巨大增长中，就必须融入中国的生态系统。这不仅需要在中国设厂生产，而且需要到中国进行实地研发，并与中国大学开展合作。这是保持世界一流水平的唯一途径。

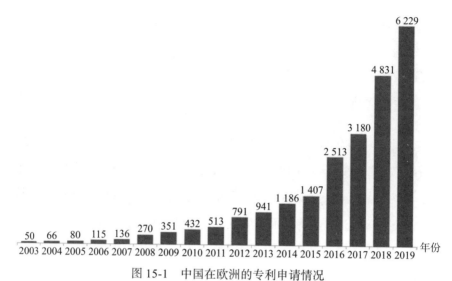

图 15-1   中国在欧洲的专利申请情况

资料来源：https://www.epo.org/about-us/annual-reports-statistics/statistics.html.

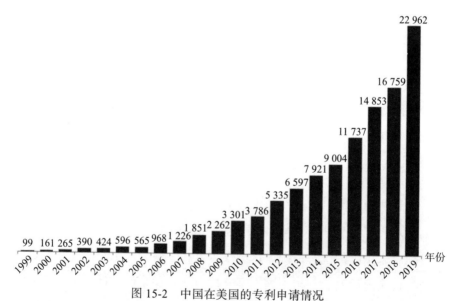

图 15-2   中国在美国的专利申请情况

资料来源：https://www.uspto.gov/web/offices/ac/ido/oeip/taf/reports_stco.htm.

中国作为试销市场

中国市场的特点之一是其作为创新产品的试销市场的作用，但截至目前，这一点却很少受到关注。中国消费者对创新品十分热衷。他们接受新产品的速度比其他国家的消费者更快，尤其在银行和电子商务等数字服务方面。《哈佛商业评论》有篇文章写道："是时候承认，在创新军备竞赛中，中国最大的资本可能是拥有具备了独一无二的接受能力和适应能力的中国消费者。如果我们其他人能认识从而学习这一点，就能将中国的独特优势化为我们自己的优势。"[6] 根据我们的主张，企业无论开展什么业务，都应该选择世界上最佳的地点，也就是说，可以先将一些创新成果引入中国，以便快速测试消费者对它们的接受程度。然而，这种做法可能也有被中国竞争对手迅速效仿的风险。

中国的隐形冠军

中国企业可能会成为德国隐形冠军强劲的竞争对手。然而，时至今日，中国隐形冠军仍旧很少。在最近的调查中，我们发现了 94 家中国隐形冠军[7]。其中包括一些在全球市场处于领先地位的公司，如无人机领域的大疆创新（DJI）、集装箱领域的中集集团（CIMC）、比特币挖矿硬件领域的比特大陆（Bitmain）、缝纫机领域的杰克（Jack）、吸管领域的双童（Soton）和纽扣领域的伟星（Weixing）。中国企业家想要打造隐形冠军的野心显而易见。我在中国演讲时问现场的企业家们谁想打造隐形冠军企业，通常会有 50% 的人举手。在德国，这个数字是 5% ～ 10%。一位来自中国的中小企业专家告诉我："许多中国企业家都想向世界展示他们是多么优秀和成功。"当中国企业家进军国际时，他们在同行中的地位会大大提高。

在战略方面，我发现德国和中国的隐形冠军之间差异显著[8,9]。每种战略最显著的特点如表 15-1 所示。

表 15-1　德国和中国隐形冠军在战略方面的差异

	德国隐形冠军	中国隐形冠军
全球影响力	高	低
全球品牌	强	弱
增长率	中等，渐进	高
上市（IPO）	宁愿不要	非常早
研发人员	很少	很多

从子公司的数量看，德国隐形冠军在全球的影响力更强。表 15-2 列举了一些例子说明了这一点。

表 15-2　选定的德国和中国隐形冠军的国际影响力（子公司数量）

德国隐形冠军			中国隐形冠军		
公司	产品	覆盖国家	公司	产品	覆盖国家
希勒布兰德（Hillebrand）	酒精饮料物流	62	金风科技（Goldwind）	风能	4
卡赫（Kärcher）	高压清洗机	129	海利得（Hailide）	工业树脂	2
德国劳氏船级社（Germanischer Lloyd）	船舶检验	130	大族激光（Han's Laser）	激光器	13
克朗斯（Krones）	瓶装设备	90	海康威视（Hikvision）	监控	28
奥托博克（Ottobock）	假肢	52	蓝思科技（Lens）	电子	3
赛多利斯	实验室设备	60	迈瑞（Mindray）	医疗技术	42
普旭（Busch）	真空泵	61	瑞普生物（Ringpu）	兽药	仅限代理

通常情况下，中国隐形冠军的国外子公司不到 10 家，而德国隐形冠军拥有超过 50 家国外子公司。这些数据表明，中国企业正处于全球化的早期阶段。德国隐形冠军在其细分市场建立了全球品牌，这些品牌只被各自的目标群体知悉，所以与"隐形"这一点并不矛盾。中国隐形冠军才刚刚开始打造全球品牌。品牌建设不仅需要资源，而且需要大量时间。

中国隐形冠军的增长速度远远快于德国同行[10]。中国市场的规模更是促进了中国隐形冠军更快增长。另一个两国隐形冠军间的重要差异是融资。通过提前上市，中国隐形冠军筹集了大量资金，但是德国的家族企业更喜欢用自己的现金流融资，不愿上市。

资本化程度提高所带来的结果之一是中国企业可以负担起更大的研发部门。表 15-3 比较了一些德国和中国隐形冠军在研发人员数量上的差异。

表 15-3　选定的德国和中国隐形冠军的研发人员数量

德国隐形冠军			中国隐形冠军		
公司	产品	研发人员数量	公司	产品	研发人员数量
科沃施（KWS）	种子	2 053	金风科技	风能	1 200
诺马（Norma）	连接技术	365	海利得	工业树脂	270
德玛吉森精机（DMG Mori）	机械切削仪器	581	大族激光	激光器	3 000
爱尔铃克铃尔（ElringKlinger）	密封技术	611	海康威视	监控	9 300
卡尔蔡司	光学产品	3 100	蓝思科技	电子	8 700
通快集团	工业激光	2 087	迈瑞	医疗技术	2 000
肖特	玻璃技术	800	瑞普生物	兽药	300

我估计中国隐形冠军的研发人员是德国的 3 ～ 5 倍。这一比例对德

国构成了巨大的威胁。从长远来看，即使德国工程师和研究人员经过了严格培训，拥有高能力也无法弥补这一点。我想起 2010 年华为在新德里的一次演讲。当时，华为的研发人员有 51 000 人，占其员工总数的46%。我还记得在 2004 年访问诺基亚时，诺基亚的高管们表示，他们包含 19 000 名员工的庞大研发团队是无可匹敌的。

强大的研发能力支持了许多中国企业家对多元化的追求。在国内市场多重增长机会的鼓舞下，成功的中国企业家开始进入新的商业领域。[11] 在这个过程中，他们不再局限于隐形冠军专注于单一产品或服务的特征。研发人员会研究各种各样的，甚至是与核心业务关系不大的板块。这可能会带来（业绩）增长，但往往是不可持续的。比如，家电制造商海尔向移动电话领域的进军就失败了。

我说服了一些中国企业家持续专注于他们企业的核心竞争力。当今三大特种化学品的全球市场领导者默锐科技的首席执行官杨树仁就一直专注于企业核心竞争力。杭州之江有机硅化工有限公司（Hangzhou Zhijiang Silicone Chemicals）的创始人——企业家何永富也听从了我的建议，保持专注，不进入其他行业。该公司没有实现多元化，却实现了国际化，并成为一家隐形冠军。

德国隐形冠军是时候重新考虑它们的某些态度了。中国企业的增长速度更快、上市带来的财务实力更强、研发工作强度更高，德国隐形冠军面临着来自竞争对手的极大威胁。如前几章所述，"德国企业需要成为中国企业"。申克和 SMT 沙尔夫公司的经验已经证实，如果能在中国把业务做得最好，那就应该在那里进行。这不仅需要在销售方面，而且需要在制造和研发能力方面大量投入。

中国在德国的隐形冠军

目前约有 4 000 家中国公司活跃在德国，其中大多数公司仍然只是设立了小型销售和服务办公室。拥有中国企业办事处最多的城市是法兰克福和杜塞尔多夫。2005 年，上工申贝集团（Shang Gong Group）收购了工业缝纫机市场的全球领导者杜克普（Dürkopp Adler），这是德国隐形冠军首次被收购。从那时起杜克普的收入从 1.28 亿欧元增加到了 1.88 亿欧元，这对一个成熟行业来说是惊人的表现。对机械制造商来说，2017 年 12.2% 的销售净回报率和 2018 年 6.8% 的销售净回报率着实令人唏嘘[12]。2011 年，总部位于宁波的均胜电子（Joyson Electronics）收购了生产宝马 iDrive 的汽车供应商普瑞（Preh）。2014 年，来自中国深圳的隐形冠军中集集团收购了消防车制造商齐格勒（Ziegler）。这些都是早期收购成功的案例。

如图 15-3 所示，2010 年之前中国在德国的直接投资额一直处于非常低的水平，但在随后几年有所上升，并在 2016 年达到了峰值——110 亿欧元。

该图还展示了德国在中国的直接投资情况。除 2016 年外，其余年份德国在中国的直接投资额都更高。这让人难以理解自那以后德国出现的反对中资收购的骚动和政治举动。这些举动可能是由于某些收购引起了过多的关注，尤其是中国公司美的（Midea）对德国隐形冠军机器人科技公司库卡（KUKA）的收购。其他的一些收购行为同样令德国公众和政界人士感到不安，包括工程机械制造商三一重工收购混凝土泵全球市场领导者普茨迈斯特（Putzmeister）；潍柴动力（Weichai Power）

　　　　　　　　　　　　　　　　第15章　目标市场：中国

收购全球第二大叉车制造商凯傲（Kion）；以及中化集团收购塑料注射机械全球市场领导者克劳斯玛菲（Krauss Maffei）。由于政治干预，中国公司未能收购芯片真空镀膜系统全球市场领导者爱思强和无芯片金属成型市场领导者之一的莱菲尔德金属旋压机制造公司（Leifield Metal Spinning）。不过莱菲尔德已经于 2020 年被日本斯频德制造株式会社（Nihon Spindle Manufacturing）收购 [13]。

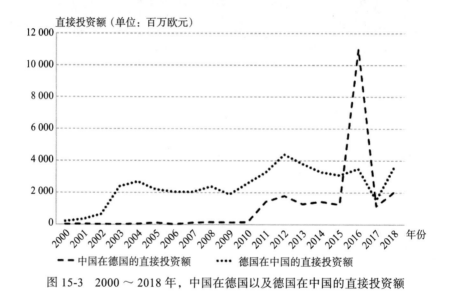

图 15-3　2000 ～ 2018 年，中国在德国以及德国在中国的直接投资额

图 15-4 显示了中国参与的德国收购（并购）交易数量 [14,15]。

在这 7 年中，中国公司共收购了 300 家德国公司，而同期德国公司仅收购了约 60 家中国公司。根据我与被收购公司高管多次见面交流后的印象，中德收购大多顺利进行，在许多情况下甚至比美国公司收购德国公司的表现还要好。一项研究表明，过去 5 年在欧洲投资的中国公司中，有 3/4 表示对自己的投资非常满意或满意 [16]。

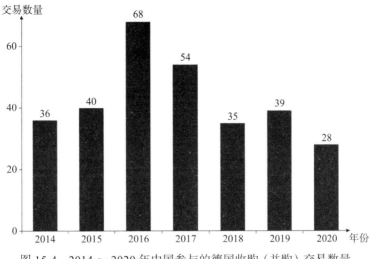

图 15-4　2014 ～ 2020 年中国参与的德国收购（并购）交易数量

　　中国收购方通常比美国收购方干预得少，至少在事情进展顺利的情况下。它们也更不愿将自己的公司结构强加给被收购的公司。中国投资者与典型的美国私募股权投资者不同，前者拿出自己的资金，而不是让公司承担更高的债务。在很多情况下，拥有中国公司的资助会成为中型公司的一个特殊优势，因为这有助于它们开发中国市场。这种资助帮助普瑞（2011 年被均胜电子收购的隐形冠军）将销售额从 2010 年的 3.52 亿欧元增至 2019 年的 15.1 亿欧元，员工数量从 2 471 人增加到了 7 162 人。不过不可否认，均胜电子将随后收购的公司（IMA Automation 和 Technisat）整合到了普瑞。

　　一项研究调查了中国公司参与德国市场的动机。研究结果表明，中国中小公司"不只追求市场和战略资产上的动机，还追求效率和资源上的目标"[17]。另一个重要动机是融入全球价值链，与我们对全球化新游戏规则的解释一致。

新建工厂

尽管德国公司在中国有 2 000 多家新建工厂，但反向发展才刚刚开始。2011 年，中国工程机械制造商三一重工在德国建造了首家新建工厂，但从未投入运营。三一重工于 2012 年初接管普茨迈斯特，故不再需要新的产能。目前，只有少数中国新建工厂在德国运营，包括位于萨克森－安哈尔特州的纷美包装（Greatview Aseptic Packaging）、北莱茵－威斯特法伦州的建筑设备制造商徐工（XCMG），以及梅克伦堡－前波美拉尼亚州的宝莱特医用科技股份有限公司（BM Bioscience Technology）。中国电池制造商宁德时代（CATL）在图林根州的投资规模比以上公司要大得多，为 18.7 亿欧元。对中国公司而言，它们对未开发的产能有相当大的需求，我预计未来十年德国将出现更多的中国新建工厂。中国公司要想成为隐形冠军，就必须在欧洲维持自己的核心竞争力。除了新建工厂外，中国对德国研发中心的投资已经并将持续发挥重要作用。

创业合作

中德似乎已经具备长期卓有成效合作的经济基础，因为两国拥有利于合作的共同点。与德国一样，中国具有分散的结构，不是在政治制度方面，而是在全国各地的公司分布方面。《财富》世界 500 强中的 124 家中国公司分布在 35 个不同的城市，而法国或日本等国的大型公司则集中在首都[⊖]。而中国的中型公司在全国各地则更加分散。

　　⊖　*Fortune*, August/September 2020, pp. F16–F17.

在工作态度上，中国人和德国人都是公认的勤奋。我曾委婉地告诉一位英国同事，德国人实际上是在工作时间工作的。这位同事以典型的英国式冷幽默回答说，正是这种行为构成了不公平竞争。中国和德国都有"工程文化"的特点。尽管存在其他文化差异，但这些共同点使得被收购公司的整合过程通常不会产生太大摩擦。

政治层面

公司有决定是否在中国开展业务的自由，一旦决定在中国开展业务，就要接受中国市场的规则。我认为没有机会改变这一现状，不管是对大公司还是对中型公司而言。

当然，在大政治领域，必须尽一切努力实现"公平竞争"。最近这方面已经取得了一些进展——中国与欧盟签署了《中欧全面投资协定》[18]。最后，我引用德国前沿经济研究所所长克莱门斯·菲斯特（Clemens Fuest）教授的话："避免威胁的最重要因素是相互依赖。对中国来说也是这样，进入欧洲市场非常重要，许多重要产品都是从欧洲进口的$^{\ominus}$。中国市场对欧洲隐形冠军而言不可或缺，而欧洲市场也是中国隐形冠军必不可少的。"要想成为隐形冠军，就需要在美国、中国和欧盟市场中脱颖而出。

$\ominus$　*Handelsblatt* Morning Briefng，2020 年 9 月 2 日。

参考文献

1. Gassmann, M. (2016, July 13). Chinas weißer Riese drängt in die deutschen Küchen. *Die Welt*.
2. Zhang-Lippert, C. (2020, September). *Success stories of German Champions in China—Best practice examples*. Friedrichshafen.
3. Retrieved from https://www.pressebox.de/inaktiv/karl-mayer-textilmaschinen-fabrik-gmbh/Wie-der-Markt-so-sein-Top-Player-staendig-in-Bewegung/boxid/990408.
4. Yergin, D. (2020). *The new map: Energy, climate, and the clash of nations*. London: Penguin.
5. Dychtwald, Z. (2021). China's new innovation advantage. *Harvard Business Review*, pp. 55–63.
6. Simon, H., & Yang, J. (2019). *Hidden champions*. Beijing: HZ Books. (in Chinese).
7. Greeven, M. J., Yip, G. S., & Wie, W. (2019). *Pioneers, hidden champions, change-makers, and underdogs*. Cambridge, Mass.: MIT Press.
8. Greeven, M. J., Yip, G. S., & Wie, W. (2019). Understanding China's next wave of innovation. *MIT Sloan Management Review*, 75–80.
9. Lei, L. (2019). *The growth of hidden champions in China*. Retrieved from https://www.emerald.com/insight/1750-614X.htm.
10. Lei, L. (2020, April 20). Thinking like a Specialist or a Generalist? Evidence from Hidden Champions in China. *Asian Business Management*.
11. Yang, J. Y., Chen, L., & Tang, Z. (2019). *Chinese M&A in Germany*. Cham/Schweiz: Springer Nature. The authors provide in-depth case studies on Dürkopp Adler and two other companies acquired by the Chinese.
12. N.A. (2020, May 29). Nihon Spindle übernimmt. *Westfälische Nachrichten*.
13. Grummes, F. (2020). Stunde der chinesischen Käufer? *Investment Plattform China Deutschland, 2*, 10–15.
14. N.A. (2021, March 5). Chinesen übernehmen seltener. *Frankfurter Allgemeine Zeitung*, p. 21.
15. N.A. (2020, December 8). Chinesen sind auf der Suche. *Frankfurter Allgemeine Zeitung*, p. 22.
16. Hänle, F., Weil, S., & Cambré, C. (2021, June). Chinese SMEs in Germany: an exploratory study on OFDI motives and the role of China's institutional environment. *Multinational Business Review*. https://doi.org/10.1108/MBR-09-2020-0190.
17. Retrieved from https://ec.europa.eu/commission/presscorner/detail/en/ip_20_2541.

第 4 部分

Hidden
Champions

转型驱动力的新游戏

商业生态系统

第
16
章

除了全球化之外,决定当前全球经济转型的还有其他方面的重要发展,其中生态系统、数字化、可持续性和创新是最重要的四个因素,它们使企业的经营方式急剧变化。在本章和接下来的三章中,我们尝试解释公司尤其是隐形冠军,如何受到这些发展的影响,以及它们应该如何调整战略以保持成功。

"生态系统"一词起源于生物学,詹姆斯·F. 摩尔(James F. Moore)于 1993 年将其引入商业领域,他认为:"商业生态系统与生物生态系统一样,从元素的随机集合演变为一个更具结构化的整体。商业生态系统是由创新带来的资本、客户需求和人才旋涡凝聚而成的。"[1][2]

"商业生态系统"是当前战略讨论中最常用的术语之一。Thinkers50 Initiative 出版的《生态系统公司——理解、利用和发展组织生态系统》(*Ecosystems Inc.——Understanding, Harnessing and Development*

Organizational Ecosystems）一书通过展示不同学科的 23 位作者的文章，为读者提供了更新、更全的概述 [3]。

流程挖掘系统的全球市场领导者、隐形冠军 Celonis 公司任命了一位首席生态系统官，其使命是"加速 Celonis 的扩张，进一步发展公司的生态系统战略。在现代化、互联互通的世界中，强大高效的合作伙伴和客户生态系统对增长至关重要"[4]。公司将其能力捆绑在商业生态系统中有几个原因：应对其他竞争对手、推广新产品、更好地满足客户需求，以及加速创新。

"生态系统"一词会让人自然而然地想到硅谷、深圳、柏林和以色列的创业场景，或者苹果、亚马逊或阿里巴巴等数字平台。生态系统是用来指代过去被称为战略联盟、合作、产业集群、虚拟组织或网络的新术语。瑞典研究人员长期以来一直在研究产业互联网络，并将其归类为现代经济的基本特征。他们认为，营销学经典的供应商—客户二维观过于狭隘，现代企业更依赖于复杂的网络结构。顾曼森（Gummesson）提到一种"价值创造网络经济中的全新主导逻辑"[5]，这种观点非常接近商业生态系统或者说现代平台经济的概念。

某些行动应该由公司内部还是由外部各方抉择，这一问题已经困扰了几代经济学家。罗纳德·科斯（Ronald Coase）早在 1935 年就提出，当存在信息不对称时，内部抉择具有优势。数字化正在迅速改变通信方式，它使信息交换更容易、更快、成本更低、更全面。区块链技术将进一步加速这些改变。因此，我们将看到价值创造更多地转向由外部贡献，这强化了商业生态系统的重要性 [6]。

对隐形冠军来说，商业生态系统极其重要。它们中有许多是从生态系统中脱颖而出的，它们都将自己持续的成功归功于生态系统。毫无疑问，由于某些原因，生态系统将变得越来越重要，而单靠一家公司来管理日益复杂的产品和服务越来越困难，比如现代制造系统、电动汽车和能源供应的转型就是典型的例子。此外，变化日益加快，公司没有足够的时间来提升自身的能力和竞争力，仅此一项事业就将挑战隐形冠军传统的"自己动手"文化，并迫使它们重新思考。最后，数字化促进了价值链的整合，公司在保持全球竞争力的过程中，合作变得越来越必要，也越来越容易。

作为商业生态系统的产业集群

长期以来，德国和德语国家存在着众多的产业集群，当中隐藏着数百个隐形冠军。其中一些传统集群已有数百年的历史，包括索林根的餐具、施韦因富特的滚动轴承、杜塞尔多夫周边的锁止系统以及纽伦堡地区的铅笔产业集群。还有一些最近才出现的集群，例如荷亨洛赫（Hohenlohe）的风扇集群、东威斯特伐利亚的电子界面集群、德国西南部的微电子集群、德国北部的风能集群和柏林的电子商务集群。德国统一后，集群开始大量涌现，例如耶拿的光学集群和格拉苏蒂的手表集群。在所有德语国家，都有大量这样的集群现象。

表16-1提供了部分集群的概况，其中大部分公司是隐形冠军。在现代术语中，这些集群被称为商业生态系统。

表 16-1 拥有大量隐形冠军的商业生态系统

	商业生态系统/集群	区域	公司/隐形冠军
传统	铅笔	纽伦堡	辉柏嘉（Faber-Castell），思笔乐（Schwan-Stabilo），施德楼（Staedtler-Mars），艺雅（Lyra）
	锁止系统	费尔伯特	凯毅德（Kiekert），霍富（Hülsbeck & Fürst, HUF），BKS，Witte Automotive，Jul. Niederdrenk
	餐具	索林根	双立人（Zwilling Henckels），Pfeilring，Böker 等 20 家公司
	钟表业	瑞士	斯沃琪（Swatch），劳力士（Rolex），欧米茄（Omega），浪琴（Longines），尼华洛丝（Nivarox），宇宙（Universo）
	滚动轴承	施韦因富特/法兰肯	斯凯孚（SKF），舍弗勒（Schaeffler），CSC 和其他 20 家公司
	零售业	米尔海姆/埃森	阿尔迪（Aldi），廷格尔曼集团，戴希曼（Deichmann），梅迪昂（Medion）
	化学/制药	巴塞尔	诺华（Novartis），霍夫曼罗氏集团（Hoffmann-La Roche），先正达（Syngenta），Clariant-Lonza
成熟	家禽业	费希塔/下萨克森州	PHW，大荷兰人（Big Dutchman），Deutsche Frühstücksei
	钣金折弯加工	锡根/海格尔	Schäfer-Werke，威图（Rittal），丝吉利娅–奥彼（Siegenia-Aubi），Hailo
	手术器械	图特林根	蛇牌（Aesculap），卡尔史托斯和其他 500 家公司
	塑料制品	莱茵–锡格	雷莫（Lemo），莱芬豪舍（Reifenhäuser），库恩（Kuhne）
	药用植物	鲁根/格德司	大约 1 500 家公司
	压缩机	德国	凯撒（Kaeser），宝驹（Boge），萨澳（Sauer），保尔（Bauer），德国曼公司（MAN）等
	包装业	施韦比施哈尔	奥普蒂玛（Optima），舒伯特（Schubert），B+S（Bausch & Ströbel），高宁格（Groninger），Weiss，星德科（Syntegon）
	风扇	荷亨洛赫	依必安派特（EBM-Papst），施乐百（Ziehl-Abegg），尼科达吉普（Nicotra-Gebhardt）
	材料业	莱茵–美因	贺利氏（Heraeus），肖特，默克，优美科（Umicore）
	测量工具业	格丁根	39 家公司/机构

	商业生态系统/集群	区域	公司/隐形冠军
新兴	传感技术	德国西南部	倍加福（Pepperl & Fuchs），西克（Sick），恩德斯豪斯（Endress & Hauser），巴鲁夫（Balluf），德图（Testo）
	风能	德国北部，丹麦	维斯塔斯（Vestas），爱纳康，恩德（Nordex），西门子风电（Siemens Wind Power）
	纳米技术	德国	Omicron，Nanogate，Nano-X，ItN Nanovation，Iontof
	工业视觉	德国	宝视纳（Basler），Vitronic，Geutebrück，伊斯拉视像（Isra Vision）
	地热能	德国	海瑞克（Herrenknecht），欧适能（Ochsner），Anger
	生物质能源	德国	CropEnergies，沃比奥（Verbio），Loick，Envitec，萨利亚（Saria）
	激光	德国	通快集团，Rofin-Sinar/Coherent，雷萨艾恩（Laserline），Foba，乐普科（LPKF）
	水处理工艺	德国/奥地利	倍世（BWT），碧然德 Brita/Ionox，贝克（Grünbeck），Antech-Gütling，威德高（Wedeco）
	光学/光子学	耶拿	蔡司、业纳（Jenoptik）、肖特、耶拿分析（Analytik Jena）等 170 家公司/机构
	垃圾分类/回收	德国	瑞曼迪斯（Remondis），萨利亚，绿点（Grüner Punkt），Stadler，Unisensor，霍梅尔（Hammel），UNTHA，卡尔（Kahl），Scholz，Cronimet
	机器人产业	德累斯顿	Wandelbots，ADG Automatisierung，EKF Robotic Systems，Revobotik，Coboworx，触觉互联网中心（Center for Tactile Internet），德国 5G 实验室（5G LabGermany）
	互联网节点	法兰克福	商业因特网交易中心（DE-CIX），Interxion，尼克斯（Equinix），Itenos，Keppel，Maincubes
	UVC/LED 消毒	德国	贺利氏，欧司朗光电半导体（Osram Opto Semiconductor），Binz，弗劳恩霍夫协会光电、系统技术及图像处理研究所（Fraunhofer IOSB）
	电子界面	东威斯特伐利亚	菲尼克斯电气（Phoenix Contact），浩亭（Harting），魏德米勒（Weidmüller），万可（Wago）
	3D 打印/增材制造	德国	EOS，SLM Solutions，维捷（Voxeljet），FIT，概念激光（Concept Laser）等

一些传统的集群到 21 世纪还活跃着。刀 – 剪刀 – 刀片集群由索林根的 150 多家公司组成，这里号称是世界上唯一一个用城市名注册了商标的地方，商标名称为"索林根制造"。还有一些传统产业集群已经消失，比如皮尔马森斯附近的鞋业集群以及伍珀塔尔的纺织业集群。还有一些集群将它们的传统竞争力转移到了新的行业，包括图特林根地区的医疗技术生态系统和耶拿的光子学生态系统。

图特林根医疗技术生态系统

在德国西南部拥有人口 35 000 的图特林根县及其周边地区，约有 500 家医疗技术公司，其中仅图特林根县就有 400 多家。这些公司中有许多隐形冠军，比如蛇牌（手术器械）、卡尔史托斯（内窥镜检查技术）、德国马丁公司（KLS Martin，外科手术器械）、宾德（Binder，模拟箱）以及海蒂诗（Hettich，实验室离心机）。一项研究指出，"图特林根县生产了超过 100 000 种不同的医疗技术产品"[7]，主要是外科器械和植入物。在某些细分领域，图特林根生态系统的全球市场份额达到 50% 或更高。但这种生态系统并不局限于制造商，它还常见于当地大学提供的医学技术学位课程，以及工程学院教授的外科技术和植入技术。由于大多数制造商员工不到 20 人，它们往往无法自己组织全球营销活动。对此，Gebrüder Martin 为众多制造商提供全球营销和分销服务；ACIG Medical 在其展厅展示了 100 多家公司的产品，并为 170 多家公司组织了专家会议和全球贸易博览会；世界医疗技术中心网站介绍了专注于医疗技术的制造商和数百家服务提供商的详细资料。

耶拿光子学生态系统

耶拿自称"光学之都"。该地区拥有170多家光学和光子技术领域的公司和机构，相关技术包括激光器和激光系统、激光扫描显微镜、照明设计、光电子元件和光学测量系统。这一生态系统包括蔡司、业纳、肖特等大型隐形冠军，也包括耶拿分析、激光成像系统（Laser Imaging Systems）和Optikron等小型公司。总部位于耶拿的OptoNet协会拥有数百名会员 [8]。

耶拿生态系统还包括10家研究所，共有1 300名科学家和工程师。例如，弗劳恩霍夫协会（Fraunhofer Society）运营着应用光学和精密工程研究所（IOF）。莱布尼茨学会管理着3个研究所，分别是研究生物光子方法和技术的光子技术研究所（IPHT），研究微生物之间传播介质的天然产物研究和感染生物学研究所（HKI），以及感染研究光子学中心（LPI）。亥姆霍兹联合会（Helmholtz Association）从事高功率激光和粒子加速方面的研究。阿贝光子学院（Abbe School of Photonics）与耶拿大学是公私合作的伙伴关系，其使命是"为最有抱负和最具积极性的学生提供国际最高水平的光子学教育课程" [9]。在耶拿的职业培训学校，每年有200多名学员获得光子学技术资格。工程公司Ferchau Jena和广告公司Timespin等专业服务供应商为该生态系统提供完善的服务。

生态系统的区域重要性

图特林根县和耶拿等地区的商业生态系统为隐形冠军——包括老

牌公司和初创公司——提供了理想的条件，并且它们具备一个很大的优势，即复杂的生态系统很难在其他地方被模仿。这是一个有效的进入壁垒，来限制那些没有类似网络支持的新竞争对手。

就其所在地和地区而言，隐形冠军及其生态系统在当地就业、收入水平、教育和整个社会方面具有突出作用，对较小的城市和城镇来说同样如此，对偏远地区的城市和城镇来说更是如此。莱比锡的莱布尼茨区域地理研究所通过 3 个案例来研究隐形冠军对于小城镇的经济和社会相关性，以及它们如何影响所在地区的城市发展[10]。下列隐形冠军是案例研究的主要对象：

- 毅结特集团公司（EJOT）：全球建筑紧固解决方案市场领导者，拥有 3 000 名员工，总部位于锡根区的巴德贝尔莱堡（人口：20 500 人）
- 荷马（Holmer）：自走式甜菜收割机的全球领导者，拥有 400 名员工，总部位于上普法尔茨行政区的希灵广场（人口：8 200 人）
- 凯尔贝（Kjellberg Finsterwalde）：等离子切割技艺的技术和市场领导者，拥有 450 名员工，总部位于勃兰登堡州南部的芬斯特瓦尔德（人口：16 000 人）

研究人员发现，与那些没有隐形冠军的小镇相比，有隐形冠军的小镇的经济状况要好得多。隐形冠军通过其商业活动以及在当地和区域的相关倡议，以各种方式对其环境产生积极影响。它们致力于保障技术工人的利益，培养年轻人才，并支持有利于提升当地劳动力水平和促进地区发展的教育活动，其中涉及文化、体育和社会事务等方面的举措。案例研究表明，隐形冠军自身创造的生态系统非常有效地促进了权力下放，以国际标准来看这是一大优势。

商业生态系统案例

正如本章开头所强调的，商业生态系统并不是全新的概念。传统的供应商－客户关系网络之间的分界线相当模糊。以下一大一小两个关于隐形冠军生态系统的案例表明，当技术非常复杂时，这些关系网络的价值很高。

阿斯麦－通快集团－蔡司 SMT 的商业生态系统

半导体工业的光刻系统非常复杂。极紫外光刻（EUV）的发展，使集成电路和微芯片进一步小型化，也使光刻系统更加复杂。荷兰隐形冠军阿斯麦（ASML）是目前世界上唯一的极紫外光刻机制造商，超过 80% 的芯片制造商都是阿斯麦的客户，其光刻系统的全球市场份额达到 65%。使其取得这一领先地位的世界级专业知识并非阿斯麦所独有。阿斯麦、通快集团和蔡司 SMT（SMT 指半导体制造技术）这三大隐形冠军的商业生态系统是它们在全球范围内取得成功的基础。作为集成商，阿斯麦设计了整个系统的体系结构；通快集团拥有包含 450 000 个部件的激光器，为该系统提供了极紫外光刻光源；蔡司 SMT 提供了光学系统。图 16-1 展示了三家独立公司在整个生态系统中的联系，通过它们的密切合作，该生态系统可以生产出三家公司都无法单独生产的产品。

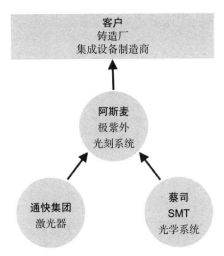

图 16-1　阿斯麦、通快集团和蔡司 SMT 极紫外光刻系统的商业生态系统

阿斯麦将其光刻系统出售给铸造厂和集成设备制造商，其中最大的铸造厂是中国台湾的台积电（TSMC）和联华电子（UMC），以及美国的环球铸造厂（Global Foundries）。集成设备制造商界的翘楚是韩国的三星电子（Samsung Electronics）和 SK 海力士（SK Hynix），以及美国的英特尔（Intel）和美光科技（Micron Technology），这些客户各投资了数十亿美元来建立以阿斯麦光刻系统为核心的新芯片工厂。该生态系统中的供应商具有排他性，通快集团为莱宾格家族所有，而蔡司 SMT 的母公司是一家基金会，阿斯麦拥有蔡司 SMT 24.9% 的股份。通快集团研发副总裁彼得·莱宾格（Peter Leibinger）表示，这种合作使我们"感觉就像在一家公司"[⊖]。阿斯麦 – 通快集团 – 蔡司 SMT 的商业生态系统是世界上最成功的系统之一。即使是规模较小的隐形冠军，商业生态系统也能带来它们无法独自利用的巨大的潜力，如下例所示。

⊖　《德国商业日报》，2019 年 9 月 18 日。

MK Technology 的商业生态系统

    MK Technology 是一家隐形冠军，它致力于生产熔模铸造系统和用于极其复杂的工厂自动化过程的专用设备，但像 MK Technology 这样的小公司无法单独提供此类高度复杂产品所需的所有专业技术。因此，如图 16-2 所示，MK Technology 与来自中国、德国、俄罗斯和法国的合作伙伴建立了全球商业生态系统。

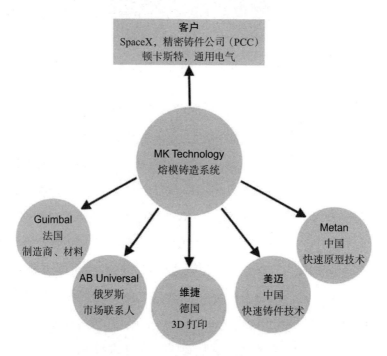

图 16-2　MK Technology 的全球商业生态系统

    生态系统中的合作伙伴提供有关熔模铸造系统的各种技术和关键组件，包括快速原型技术、快速铸件技术、3D 打印、制造工艺和材料科学，而这样的生态系统只有在信任的基础上进行密切沟通才能发挥作用。MK Technology 的首席执行官迈克尔·库格伦（Michael Kügelen）是其中的核心人物，他是"网中的蜘蛛"，在赢得合作伙伴支持的基础上，使该网络保持活力。像 MK Technology 这样规模的公司不可能在生态系统内获得这种世界级的技术，但其客户名单却反映了它的专业水平。名气最大、要求最高的客户是埃隆·马斯克（Elon Musk）的 SpaceX，另一个重要客户是精密铸件公司（PCC）。精密铸件公司属于沃伦·巴菲特（Warren Buffett）建立的伯克希尔·哈撒韦公司（Berkshire Hathaway），是喷气发动机和燃气发电厂涡轮机的全球市场领导者，MK Technology 为它们提供了世界上最大的蒸汽高压釜，能够处理高达三米的涡轮叶片。因此，从某种意义上来说，沃伦·巴菲特和埃隆·马斯克是 MK Technology 的客户。

论商业生态系统的未来

毫无疑问，商业生态系统会变得越来越重要。麦肯锡针对 522 家德国中小企业开展的一项研究显示，51% 的受访者预计未来会更多地参与生态系统 [11]。产品越复杂，来自不同领域的专业知识越多，环境和技术的变化就越快，因此，为扩大自己有限的能力而与他人合作就显得越重要。数字化，产品与服务之间日益模糊的界限以及对更高灵活性和弹性的需求等因素正推动（经营 / 企业关系）向生态系统转变 [12]⊖。

⊖ 我们将在关于数字化的章节中更密切地讨论生态系统问题。

按照惯例，许多甚至可以说大多数隐形冠军仍会尽可能独立地完成任务，因此它们具有高度的垂直整合（详见第 22 章），这种想法（倾向）可能阻碍它们加入商业生态系统。如今，人们经常会说"公司和行业不再是相关的分析单位"或"公司的价值不再存在于自身资产中，而存在于关系网络中"[13]。虽然我不同意这些极端观点，但显然许多隐形冠军必须对商业生态系统内的合作更加开放。

参考文献

1. Moore, J. F. (1993). Predators and prey: A new ecology of competition. *Harvard Business Review*, pp. 75–86.
2. Moore, J. F. (1996). *The death of competition: Leadership and strategy in the age of business ecosystems*. New York: HarperBusiness.
3. Crainer, S. (Ed.). (2020). *Ecosystems Inc.—Understanding, Harnessing and Developing Organizational Ecosystems*. Wargrave (UK): Thinkers50.com.
4. Retrieved September 1, 2020, from https://www.celonis.com/de/press/malhar-kamdar-joins-celonis-as-chief-ecosystem-officer.
5. Gummesson, E. (2015). *Total relationship marketing*. London: Routledge.
6. McGrath, R., & McManus, R. (2020). Discovery driven digital transformation. *Harvard Business Review*, 124–133.
7. Dettmer, M. (2008, August 26). Der Siegeszug der Provinz. *Der Spiegel*.
8. Retrieved from http://www.optonet-jena.de.
9. Retrieved from https://www.asp.uni-jena.de/about_us.
10. Görmar, F., Vonnahme, L., & Graffenberger, M. (2020, February 18). *Hidden Champions als Impulsgeber für die Kleinstadtentwicklung*. Leipzig: Leibniz-Institut für Länderkunde.
11. McKinsey & Company. (2020). *How the German Mittelstand is mastering the Covid-19 crisis* (p. 28). Düsseldorf: McKinsey.
12. Cf. Jacobides, M. G. (2019). In the ecosystem economy, What's your strategy? *Harvard Business Review*, 129–137.
13. Hofmann, R. (2020). What if management models ate ecosystem strategies for breakfast? In S. Crainer (Ed.), *Ecosystems Inc. —Understanding, harnessing and developing organizational ecosystems* (p. 91). Wargrave (UK): Thinkers50.com.

第 17 章

数字化

当前，数字化与全球化是转型最强大的驱动力。几乎没有人会不同意真空泵领域隐形冠军普旭的联合首席执行官艾拉·普旭（Ayla Busch）的说法："数字化有可能在短时间内改变发展了几十年的商业模式。"⊖

人们对数字化的态度差别很大。尽管数字化已经有几十年的历史，但许多人仍然认为它是一个相对较新的事物。1994 年亚马逊成立，4 年后谷歌也成立了，2007 年诞生的 iPhone 也已经有十几年的历史。另外，数字化对我们生活的渗透仍处于初级阶段。几乎每天都有新事物和新应用进入市场。没有人知道人工智能、自动驾驶、增强现实技术、自动化、大脑扫描和类似的技术将带我们走向何方。

⊖ 个人访谈，2020 年 11 月 29 日。

激进式还是渐进式

数字化给隐形冠军们带来了巨大的挑战，其中一个问题是，公司是应该"完全重置""从根本上重组业务模式""来个 U 形大转弯"，还是逐步实现数字化？

尽管答案取决于具体行业、产品类型、销售系统和客户类型，渐进式的方法可能更适合大多数隐形冠军。软件的配置和实施应该尽可能地贴合公司的需求，疾风暴雨式的全盘转型可能导致严重的后果。德意志银行的首席技术官贝恩德·洛伊克特（Bernd Leukert）是资深的 SAP 专家，他建议："大型项目（的数字化）需要 5 到 10 年的时间。在这个过程中，你可能意识到你走错了方向，因为需求已经进一步改变。这时就需要采用所谓的'萨拉米香肠战术（Salami Tactic）'，即逐个开发小型的、独立的应用程序。"[1] 瑞士过程自动化隐形冠军恩德斯豪斯（Endress+Hauser）的市场主管彼得·迪德里希（Peter Diedrich）提出了类似的观点："由于缺乏互操作性（Interoperability）和一致性（Consistency），工业 4.0 概念的实现往往很复杂。到目前为止，97% 的实地数据都没有被使用。"[2]

与此同时，也存在其他的声音。以自己名字命名了一家机电公司（也属于隐形冠军）的丹尼尔·维腾斯坦（Daniel Wittenstein）认为，渐进式的方法是数字化的一个潜在障碍，因为"它可能会限制数字创新的规模"[3]。一项实证研究发现高度复杂性和竖井心理（Silo Mentality）阻碍了数字化进程 [4]。

初创公司的情况则不同。由于有机会从头开始设计它们的系统，初创公司可以充分发挥数字化的潜力。即使是一家全新的公司，也不应该忽视优化和协调客户需求及数字基础设施的工作。这正是许多初创公司失败的地方。在德语世界的隐形冠军中，数字化初创公司的数量很少。在一项关于数字化就绪度（Digital Readiness）和动态能力的研究中，维腾斯坦将 116 家隐形冠军与一组规模和结构相似的非隐形冠军公司进行了比较。研究结果显示，与规模、创立时间和行业特征相似的非隐形冠军公司相比，隐形冠军为数字化转型做了更好的准备 [3]。问题在于，这种与德国非隐形冠军的比较是否有意义，或许将隐形冠军与其他国家的数字化领军企业进行比较更能说明问题。

B2C 与 B2B

在着眼于隐形冠军和数字化时，我们需要区分 B2C 和 B2B 市场。除了 Skype 和 Spotify 等少数例子外，数字 B2C 市场被美国和中国公司主导，几乎没有给新的竞争对手留下任何空间。有项研究分析了 16 000 名消费者在 3 个月内的互联网流量，得出了所谓的基尼系数（Gini Coefficient）[5]。如果一家供应商提供了所有的互联网流量，其基尼系数将为 1。研究中 16 000 名用户的基尼系数是 0.988，其中极少数的美国服务提供商提供了接近 99% 的流量。因此，就数字消费市场的全球渗透而言，留给德国供应商的机会不多了，而追赶甚至超越美国供应商或在中国超越中国的供应商似乎根本没有希望。

工业领域的前景看起来要光明得多。数字工业市场通常是利基市场（Niche Market），全球销售潜力只有几亿或几十亿美元，因此对互联网巨头没有吸引力。苹果公司的年销售额为 2 600 亿美元，争夺一个 5

亿美元的市场对它来说毫无意义。此外，工业流程远比消费流程复杂得多。在组装工厂，每个部件都必须在正确的时间送到正确的地方，而对亚马逊来说，如果货物比计划晚一个小时甚至一天到达，都完全不是问题。工业流程所需的专业技术并不容易在市场上获取，这些技术在公司员工的头脑中，他们是这方面的专家。上述情况为那些原本在利基市场运作的隐形冠军创造了绝佳的机会，它们可以将自己精湛的技术和能力数字化。它们与客户的紧密联系，以及由此得到的对客户价值创造过程的深入了解，是 B2B 数字化的巨大竞争优势。B2B 数字化的进入壁垒很高，当我们将目光转到数字化产品、数字化工业流程和数字化工业服务时，这一点将变得更加清晰。

数字化产品

每个电动汽车的车主都知道长时间充电是一场噩梦。菲尼克斯电气是德国电子接口集群中的隐形冠军，它开发了一种名为"高功率充电"（High Power Charging）的电池充电系统。它比其他任何系统要快得多，可以在 3～5 分钟为电动汽车电池充入足够行驶 100 公里的电量，这与燃油汽车加油的时间相当。

来自慕尼黑的隐形冠军阿莱（ARRI）曾经是专业电影摄影机的全球市场领导者，许多著名的电影都是用阿莱摄影机使用传统的 35 毫米胶片录制的。数字化对这种传统技术和阿莱构成了威胁。通过与发明 MP3 系统的弗劳恩霍夫集成电路研究所（Frauhofer Institute for Integrated Circuits）合作，阿莱研发了数码专业摄影机，成功捍卫了其在全球市场的领先地位。

全球餐饮业高档瓷器市场的领导者 BHS Tabletop 公司推出了"智能餐具"，它的餐盘里包含一个微型芯片，可以自动识别付款，让顾客不必等待结账。

Ubimax 开发了用于公司内部物流的可穿戴计算设备软件，并将其与谷歌眼镜（Google Glass）或微软的混合现实头戴显示设备（Microsoft Hololens）等混合现实眼镜结合起来。通过眼镜上显示的菜单，语音控制程序引导员工在仓库里装配订单中的物品。可口可乐公司引进这种装有 Ubimax 软件的眼镜后，装配错误率几乎降到了零。TeamViewer 对 Ubimax 的收购将带来巨大的发展潜力，因为 Ubimax 和 TeamViewer 系统的结合可以实现对系统、设备和机器的远程访问。

Waymo、GM Cruise、Argo AI 和 Aurora 等公司是前景广阔的自动驾驶汽车市场的领导者，它们都是美国公司，但德国公司开发了许多被纳入它们系统的数字技术。在自动驾驶技术方面，德国公司拥有的专利最多。过去 10 年，该行业在全球注册的 9 900 项专利中，约有40%源自德国[6]。自动驾驶所需的高度专业化能力是隐形冠军的理想利基。总部位于慕尼黑的 TerraLoupe 是航空图像数据分析的全球市场领导者，航空图像数据分析对自动驾驶至关重要，在人工智能的帮助下，该软件可以从航拍图像中准确地识别建筑物、标志等。

大多数使用 Siri（苹果公司）、Alexa（亚马逊）或谷歌翻译等数字助手的用户并不知道它们背后的技术软件是什么。它们都使用了由慕尼黑工业大学于尔根·施密德胡伯（Jürgen Schmidhuber）教授开发的长短期记忆（网络）（Long Short-Term Memory，LSTM），这一技术软件被安装在了全球超过 30 亿部智能手机上。这绝不是隐形冠军在智能手机领域的唯一贡献。当被问及德国在 iPhone 中的参与程度时，苹果公司首席执行官蒂姆·库克（Tim Cook）回答说："德国制造代表了顶尖的水平，精英集聚。我们在德国有数以百计的供应商，德国人追求精确的文化在世界上是独一无二的。"[⊖]苹果公司指出，拥有德国生产基地的供应商多达 767 家，其中 8 家是苹果公司最大的 200 家供应商之一，此外，据说德国有超过 26 万个工作岗位与苹果公司的生态系统直接或间接相关 [7]。苹果公司的供应商包括许多隐形冠军，如瓦尔塔（Varta，微型电池）、Tesa（黏合剂）、Wickeder Westfalenstahl（一种特殊钢材，可以在 iPhone 中分散热量，从而防止手机过热）、Manz（高科技机械）和 Dialog Semiconductor（iPhone 的电源芯片），英飞凌、汉高（Henkel）等大公司也是苹果公司的供应商。苹果公司总部的建筑使用了世界上面积最大的弧形玻璃，它们也产自德国的隐形冠军——Seele。

德国企业在数字化市场的情况与过去网络虚拟世界的情况相似。除了汽车，德国的企业在全球消费市场的表现往往较弱，而它的传统优势在于 B2B 市场。这一模式在数字产品领域继续存在。可见终端产品中往往隐藏着大量德国技术，而这些产品通常来自美国或中国公司。

数字化工业流程

数字化不仅改变了产品，更改变了工业流程。德国隐形冠军在这

⊖《法兰克福汇报》，2019 年 10 月 2 日，第 26 页。

方面也做得很出色。德国卡赫集团是全球高压清洗机市场的领导者，它需要提供多样的产品品类以满足客户广泛的应用需求，这使得生产和工艺的灵活性成为关键的竞争因素。在其最新的生产线上，卡赫集团可以在 24 小时内生产 40 000 种不同的产品，极高的灵活性使其能够精确且迅速地满足众多的个性化客户需求，这只有在完全数字化的流程下才能实现。

建材制造商可耐福（Knauf）将应对大型建筑工地计划外材料短缺的时间从 3 小时缩短为 1 小时，这一巨大的改进只有在完全数字化的供应链下才能实现。可耐福的客户很喜欢这种创新，因为当建筑工地只停工 1 小时而不是 3 小时时，它们可以省下很多钱。

来自班贝格（Bamberg）的 RAUH-Hydraulik（欧洲液压气动领域制造商）在业务中采用了类似亚马逊 Dash 按钮的原则，它们将 "RAUH 再订购按钮" 直接放置在客户的货架上，客户只需按一下就可以触发订单。该做法简化了订购过程，保证了产品可得性，并能避免在补货过程中出现错误[8]。

科乐收（Claas）最成功的联合收割机 Lexion 700 售价 65 万欧元，这对农民来说是一笔巨大的投资。但作为回报，他们不仅能获得优秀的产品性能，而且能拥有快速灵活的数字服务。当飓风袭击佛罗里达州时，克拉斯将所有 60 千瓦电池容量的机器免费升级为 75 千瓦，这使机器能够工作更长时间，并有助于减轻飓风造成的影响[9]。

通快集团是全球金属加工激光机床的领导者，它的客户需要定制化工具。在数字时代之前，客户会提交一份图纸，通快集团照着它来制造零件，这个过程会花费 4 天时间。如今，客户在线提供文件，整个生产过程和后续物流都是数字化运行的，只需要 4 个小时。因此，客户可以更快地获得工具，节省仓储费用，并提高自身的敏捷性。

在汉堡港，基于人工智能的软件通过准确预测集装箱的收取情况，提高了自动化存储的生产效率。以往集装箱被放入仓库，它们被取走的时间往往不能确定，因此在某些情况下需要重新堆放。一种基于历史数据的算法可以计算出集装箱在码头仓库的预期存储时间，该算法还会通过最先进的机器学习不断自我优化。另一种算法则可以非常准确地预测集装箱是否会被装载到卡车、火车或船舶上。

柯尔柏是烟草行业设备和其他行业包装系统的全球市场领导者，它的客户安装新系统时无须前往柯尔柏工厂，柯尔柏可以将试运行数据传输给客户，因为这个过程已经实现数字化，并且过程中的所有步骤都会被仔细记录。

在新冠疫情期间，德国曼公司为乌兹别克斯坦的一家化肥厂进行了数字化调试。蔡司正在使用初创公司 Realworld One 开发的虚拟现实软件来培训服务人员如何使用高度复杂的电子显微镜，而在这之前，这些员工必须从世界各地前往蔡司总部接受培训。现在，他们就像在电脑游戏中一样，可以进入一个虚拟替身，在本地公司进行学习。

这些例子说明数字化流程极大提升了工作效率，而这些过程往往发生在行业后台，很大程度上不为公众所知，但它们的重要性将与日俱增。自动化领域隐形冠军易福门电子（IFM Electronic）的首席执行官迈克尔·马尔霍费尔（Michael Marhofer）说："2030 年之前，我们将出现进一步的甚至更重大的转变，从组件到系统，从硬件到软件。"[10] 系统解决方案对数字化程度的需求正变得越来越高。

数字化工业服务

数字化催生了许多新的隐形冠军，它们使用数字化方法提供工业服务，但不生产产品。TeamViewer 是远程共享屏幕的全球市场领导者，它为分散式工作和居家办公提供便利，全球安装该软件的设备已超过 20 亿台。任何人在使用电脑时遇到问题，不管在哪，他们的问题都可以得到解决。用户联系 IT 专家并解释自己遇到的问题，然后专家从远程修复问题。这不但减少了麻烦，还节省了时间和花销。无论是在度假还是在中国做巡回演讲，我已经多次受益于 TeamViewer 软件。大多数情况下，IT 专家不需要出办公室就能在几分钟内解决问题。2019 年 9 月，TeamViewer 上市。与 Zoom 一样，新冠疫情促进了 TeamViewer 的发展和股价的增长，其市值在 2021 年初达到 90 亿欧元。

类似优步和 Airbnb 等无资产或轻资产公司是令人印象深刻的数字化现象之一。FlixBus 的母公司 FlixMobility 是一家完全数字化的公司，连一辆公交车都没有，但是它组建了一个网络。FlixBus 目前覆盖了 30 个国家的 2 500 个目的地，并于 2019 年进入美国市场。严格来说，FlixMobility 的业务不是做由公交运营商提供的客运，而是运营数字系统。

建筑项目极其复杂，而且有失控的风险。隐形冠军 RIB Software 旨在通过云计算、数字化供应链管理和人工智能等手段，将建筑行业转变为 21 世纪最先进的行业之一。RIB Software 是基于云平台的建筑信息模型（BIM）的全球市场领导者，业务分布在 25 个国家，拥有 2 700 名员工。

许多公司对它们使用的软件程序没有全面了解，而这些软件程序通常可达数百个，成立于 2012 年的 Leanix 用企业架构软件解决了这一问题。Leanix 的首席执行官安德烈·克里斯特（André Christ）解释了这个名为软件即服务（Software-as-a-Service，SaaS）的解决方案：" Leanix 就像公司 IT 环境中的谷歌地图。根据公司在不同环境下使用软件的相关需求，Leanix 帮助公司规划解决方案。"[11] Leanix 拥有超过 300 个国际客户，包括大众、沃达丰（Vodafone）、阿迪达斯、桑坦德银行（Santander）、Zalando 和 Dropbox。高盛（Goldman Sachs）已经向 Leanix 投资了 8 000 万欧元。

总部位于慕尼黑的 Celonis 是流程挖掘软件的先驱和全球市场领导者，该软件使用人工智能来改善工业流程。Celonis 系统"理解"真实的流程，发现其中的矛盾，并提出过程自动化的有关建议。Celonis 的估值为 110 亿美元，它获得了诸多荣誉，并跻身福布斯"云计算公司 100 强"之列 [12,13]。Celonis 的客户包括 3M、空客（Airbus）、戴尔（Dell）、欧莱雅（L'Oréal）、汉莎航空（Lufthansa）、西门子和优步。

对保险公司来说，处理机动车理赔的传统方法是劳动密集型的，成本高且耗时长。它们必须评估损失，安排专家，并防止欺诈行为。隐形冠军德联易控（Control Expert）通过人工智能自动索赔和确定损失来解决这个问题。过去需要几周的工作现在只需要几个小时就能完成，从而大大减少了成本和顾客的等待时间。德联易控已经在 17 个国家广泛使用，每年处理超过 1 000 万份索赔，其数据库包含超过 5 000 万条案例。

全球供应链是全球化的伟大成果之一，但其中也蕴含着巨大的风险。单个公司只是这条链中的一个环节，很难追踪整条链上发生的事情，这正是隐形冠军 Riskmethods 致力于解决的问题。Riskmethods 利用大数据和人工智能来捕捉和分析全球供应链，它可以用比以前快 1.5 天的时间检测到供应链中断的问题，使早期预警和预防措施更容易发布和执行。

来自科隆的 DeepL 是最好的翻译程序之一，它提供包括日语和中文在内的 24 种语言的翻译。DeepL 的神经网络经过了由翻译搜索引擎 Linguee 提供的超过 10 亿句高质量句子的翻译训练。位于冰岛的 DeepL 计算机可以在不到 1 秒的时间内翻译 100 万个单词。

在与谷歌、微软和脸书的翻译引擎的对比测试中，DeepL 被专业翻译人员认为具有明显的优越性[14]。一项比较研究得出 DeepL 的翻译"是真正了不起的！"。[15] 在线门户网站 Tech Crunch 称："科技巨头谷歌、微软和脸书都在将机器学习的经验应用到翻译中，但一家名为 DeepL 的小公司超越了它们，提高了该领域的标准。"[16]

DeepL 以免费增值模式提供该软件，基本版是免费的，专业版每月的订阅费用为 5.99 ～ 39.99 美元。尽管 DeepL 在使用上有优势，但挑战依然存在。从长远来看，这个隐形冠军能在互联网巨头面前站稳脚跟吗？还是会被它们中的一家公司收购？

数字生态系统

　　在数字化背景下，生态系统变得越来越重要。当传统公司缺乏它们所需的竞争力时，大多会选择与拥有竞争力的公司（通常是初创公司或研究机构）组建一个生态系统。图 17-1 展示了隐形冠军伯曼集团（Beumer Group）在这个模式下的数字生态系统。伯曼集团活跃于 70 个国家，拥有 4 500 名员工，是全球物流市场的领导者之一。

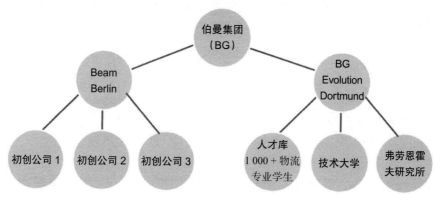

图 17-1　伯曼集团的数字生态系统

　　伯曼数字生态系统包括（伯曼集团）与多特蒙德附近的研究所和 Beam Berlin 孵化器的合作。伯曼集团的首席执行官罗伯特·巴赫（Robert Bach）说：“我的主要任务是为伯曼集团寻找有想法的（商业）创始人。”[17] EBM Papst，全球通风风扇市场的领导者之一，已经在多特蒙德成立了自己的初创公司，名为 EBM Papst Neo。EBM Papst Neo 与当地大学、两家弗劳恩霍夫研究所以及其他两家初创公司一起致力于创新室内通风技术。伯曼集团和 EBM Papst 并不是个例。德国工程师协会最近的一项调查显示，71% 的公司会与初创公司合作，3/5 的公司将这种合作描述为"可持续的成功"（Sustainably Successful）[18]。

对传统公司来说，成功的一个先决条件是对隐形冠军更加开放。考虑到它们的传统保密性，这需要一种文化的转变。传感器领域隐形冠军巴鲁夫的技术主管胡贝图斯·布赖尔（Hubertus Breier）表示："我们不成立外部初创公司，虽然这样做涉及的障碍和风险较少，但专业知识和企业文化在这些公司中仍然是分离的。我们更喜欢内部的初创公司，员工可以立即感受到我们的智慧和创业精神。当我们的员工与我们的内部初创公司合作时，成果将会倍增。"[19]

隐形冠军想从根本上实现并保持对成果的占有，这一点与初创公司创始人的想法并不总是一致的，这可能会导致文化冲突，此时可以选择拆分部门来处理数字化任务。生产精密铣削工具（C 类零件）的隐形冠军玛帕公司（Mapal）就采取了这种做法。玛帕一家名为 C-Com 的衍生公司正在开发一个电子平台，用于采购 C 类零件。玛帕这个名字并没有出现在平台中，其目的是让 C-Com 发展自身的数字文化。

货币化

提供并销售数字化产品和服务是第一步，但即使迈出了这一步，数字产品的货币化仍然是一个巨大的挑战⊖。许多隐形冠军报告的结果并不令人满意。一项实证研究发现，"许多制造商对这些系统的销售业绩

⊖ 关于货币化，见 Ramanujam, M. & Tacke, G. (2016). Monetizing Innovation, Hoboken: Wiley 2016; and VDMA (2020), "Maschinenbau: Nach der digitalen Produktion kommen jetzt die digitalen Mehrwertdienste," VDMA, September 18.。

不满意"，特别是当涉及软件时，"它们中的大多数非常不满意自己的销售业绩"[20]。这一点在德国工程师协会的一项研究中得到了证实："目前，数字平台和增值服务的销售份额仅占欧洲机械工程部门总销售额的0.7%左右。"[21]同时，平台的表现也远低于预期。

这些令人失望的结果背后想必存在着诸多原因。在研究提到的平台中，60%的平台认为该结果是商业模式不完善或缺乏共同标准导致的，约57%的平台认为缺乏战略相关性。还有一种可能更具决定性的原因在于，相当多的应用程序没有为客户带来真正的好处，因此很少有人愿意为它们买单。这准确地描述了消费领域数以百万计的应用程序中90%以上的情况。当一款极具创新性的应用解决了之前不被满足的客户需求，但客户很难评估这种变化时，也会出现同样的结果。换言之，应用程序提供了便利，但客户没有意识到。在这种情况下，免费增值模式可能可以克服最初的接受障碍。

在B2B应用程序中，客户通常希望服务包含在整体产品中，这个问题绝不局限于数字化，它同样存在于传统服务。接下来的问题是，是否要继续推出包含数字化组件的捆绑服务？恩德斯豪斯的市场经理彼得·迪德里希（Peter Diedrich）给出了这样的建议："理想情况下，数字服务是核心产品的一个组成部分，而不是一个单独的业务。"[22]另一种办法是分开销售，对数字化组件另行定价。在其他情况下，最好将数字服务外包给第三方。

销售人员的资质是很大的一个挑战。一项研究指出，传统的"硬件销售人员"不适合销售软件和数字产品，该研究的作者建议组建一支由硬件和软件专家组成的混合销售队伍[20]。

总结

对隐形冠军进行数字化的总体评估是困难的。目前德国的隐形冠军名单中只有几家数字初创公司，德国公司申请的专利中只有14%与数字化有关，而芬兰的这一比例为41%⊖。德国隐形冠军在全球数字消费市场上并没有发挥重要作用，但这并不一定是因为缺乏专业知识，还有其他原因，比如从德国这样相对较小的市场到全球大众市场搭建一个系统甚至平台存在根本困难；即使在欧洲内部都仍存在国际化障碍（例如法规、语言）；风险投资环境不发达；媒体版图只覆盖全国。因此，德国正错过增长和盈利的巨大机会。苹果、谷歌、脸书、阿里巴巴等公司在大众市场获得了巨大的利润，这些利润转化为巨大的市值。仅苹果一家公司的价值就超过了德国DAX指数中所有30家公司的价值总和。

对隐形冠军而言，数字B2B市场的形势更为有利，这些市场的利基性质和高度复杂性迎合了隐形冠军的能力。此外，德国的技术大学和研究机构在学术和科学方面有扎实的基础。慕尼黑工业大学的于尔根·施密德胡伯教授同意这一评价，他说："几乎所有关于人工智能和深度学习的基础工作都来自欧洲人。欧洲在机械工程和机器人技术方面处于领先地位，机器人和深度学习的结合将在不久的将来重塑生产和工作的世界。"[23]隐形冠军在将科学发现转化为市场成功方面发挥着关键作用。德国和欧洲的行政框架对数字化的未来和隐形冠军的竞争力具有至关重要的意义。由贝塔斯曼基金会（Bertelsmann Foundation）和算法观察组织（Algorithm Watch Organization）发布的"自动化社会

⊖ 经济被两面夹击，Frankfurter Allgemeine Zeitung, March 5, 2020, p. V2.。

报告"（Automating Society Report）提供了关于德国和欧洲情况的最新概述^[24]。

参考文献

1. Mussler, H., & Schönauer, I.. Hier ist Salamitaktik gefragt. *Frankfurter Allgemeine Zeitung*, p. 25.
2. N.A. (2020). Industrie 4.0 und Dienstleistungsstrategien. Interview, *PT-Magazin für Wirtschaft und Gesellschaft*, 5, pp. 42–43.
3. Wittenstein, D. (2020). Champions of digital transformation? The dynamic capabilities of hidden champions. *Discussion Paper No. 20-065*, ZEW, Mannheim, p. 36.
4. Freimark, A. J., Habel, J., Hülsbömer, S., Schmitz, B., & Teichmann, M. (2018). *Hidden champions—Champions der Digitalen transformation* (p. 14). Berlin: European School of Management and Technology/Hidden Champions Institute.
5. Andree, M., & Thomsen, T. (2020). *Atlas der digitalen Welt*. Frankfurt: Campus 2020, p. 30.
6. Bardt, H. (2019). IW-Kurzbericht. 63, Institut der Deutschen Wirtschaft,. The study covers the years 2010–2019.
7. Retrieved from https://www.tagesspiegel.de/wirtschaft/zulieferfirmen-so-viel-deutschland-steckt-im-iphone/24057266.html#:~:text=Bosch,f%C3%BCr%20 das%20iPhone%208%20herstellt. Every year, Apple has to provide a list of its 200 largest suppliers to the United States Securities and Exchange Commission.
8. Retrieved November 2, 2020, from https://rauh-hydraulik.de/Rauh-Reorder-Button%2D%2Dgroup-reorderbutton.
9. Purps-Pardigal, S., & Kehren, H. (2018). *Digitalisieren mit Hirn*. Frankfurt: Campus 2018, p. 195.
10. Retrieved from https://www.smart-production.de/open-automation/news-detailansicht/nsctrl/detail/News/ifm-in-50-jahren-om-produktlieferant-zum-loesungsanbieter-20191114/np/2/.
11. Retrieved July 7, 2020, from https://www.leanix.net/de/unternehmen/pressemeldungen/070720goldman-sachs-fuehrt-80-mio-us-dollar-finanzierungsrunde-fuer-leanix-an.
12. Retrieved November 21, 2019, from https://www.handelsblatt.com/technik/it-internet/process-mining-spezialist-deutsches-start-up-celonis-erreicht-bewertung-von-2-5-milliarden-dollar/25253078.html?ticket=ST-316179-wGR o4VywyvWx69c1Tmfu-ap3.
13. Retrieved September 23, 2020, from https://www.cloudcomputing-insider.de/das-sind-die-innovativsten-private-cloud-firmen-a-965235/.

14. Retrieved May 12, 2020, from https://www.macwelt.de/ratgeber/Google-Translate-vs-DeepL-Uebersetzer-im-Vergleich-10809257.html.
15. Retrieved from https://www.superprof.de/blog/uebersetzung-englisch-deutsch-kostenlos-sofort/.
16. Retrieved August 29, 2017, from https://techcrunch.com/2017/08/29/DeepL-schools-other-online-translators-with-clever-machine-learning/?guccounter=1&guce_referrer=aHR0cHM6Ly93d3cuZ29vZ2xlLmNvbS8&guce_referrer_sig=AQAAAJYDIbfyMTGVR39DjctsBKCn7RoMkJ8ZCuEV2ISmyfgGEqXhl72QTqwePHka8Qwu7IJTSTrq32XTAdYbhBSxn0OIFb1nKE_ouuVHTgjNQg6ytGCJ3ljZZT6GXWbCVkfSd-yKIzd-KXU8gLX5vuc-wejyJo9XmAk_cobgDRwhaXGwj.
17. Retrieved November 1, 2017, from https://www.gruenderszene.de/allgemein/beumer-factory-inkubator.
18. VDMA. (2020). *Gemeinsam stark—Wie die erfolgreiche Zusammenarbeit mit Startups im Maschinen- und Anlagenbau gelingt*. Frankfurt: VDMA.
19. N.A. (2020). Interview with Hubertus Breier, Head of Technology, Balluf GmbH. *Return—Magazin für Transformation und Turnaround*, pp. 22–25, here p. 25.
20. Schmitz, B., Plötner, O., Jarotschkin, V., & Habel, J. (2020). The current frontier in industrial manufacturing: Bringing Software Systems to Market. *The European Business Review*, pp. 26–29.
21. VDMA. (2020). *Maschinenbau: Nach der digitalen Produktion kommen jetzt die digitalen Mehrwertdienste*. Frankfurt: VDMA.
22. N.A. (2020). Industrie 4.0 und Dienstleistungsstrategien. Interview, *PT-Magazin für Wirtschaft und Gesellschaft*, pp. 42–43.
23. Knop, C. (2018, October 4). Interview mit Jürgen Schmidhuber. Auf die Zukunft, Magazin zum Innovationstag, *Frankfurter Allgemeine Zeitung*, pp. 12–14.
24. Retrieved from https://algorithmwatch.org/project/automating-society/.

第
18
章

可持续发展

近来，作为变革的驱动力，可持续发展变得极其重要 [1]。一项调查中，66% 的受访管理者认为可持续发展是一个越来越重要，并且任何公司都无法回避的话题，只有 29% 的人认为可持续发展只是一种公关和营销潮流，或只是一种短暂的趋势 [2]。

2020 年，《华尔街日报》首次发布了全球最佳可持续管理公司百强榜单，它们关注公司为股东创造长期价值的能力 [3]。该榜单基于可持续发展会计准则委员会（SASB）的规范，使用了多达 165 个可持续发展指标，评估了总共 5 500 家公司。包括 200 家大公司首席执行官在内的、富有影响力的美国商业圆桌会议（American Business Roundtable）也公开表示支持征收碳税和大规模减少碳排放 [4]。甚至有人认为："可持续发展就是下一个数字化。" [5]

可持续发展并不是一个全新的话题，许多隐形冠军在这个领域一直很活跃。比如，浩亭是电子接口市场的领导者，早在1989年就颁发了第一个内部环境奖（In-house Environmental Prize）；海格欧洲股份公司（Hager SE）是电气安装系统的市场领导者之一，于2012年发布了"道德宪章"（Ethics Charter），该文件涉及可持续发展所有可能的方面，可以说是业界标杆[6]；德国"气候保护协会"的39个成员包括浩亭、菲斯曼（Viessmann，加热技术）、依必安派特（风扇）、科沃施（种子）、菲尼克斯电气（连接技术）、魏德米勒（连接技术）等隐形冠军[7]。人们习惯将可持续发展与环境保护联系在一起，这一观点正在被更广泛的视角取代，包括环境、社会以及公司治理（Environmental，Social，Governance，简称ESG）。

可持续发展是一个重大转型

可持续发展有可能引发一场与数字化同样剧烈的变革。在对责任管理的讨论中，经济与生态的冲突、过度的复杂性、意想不到的后果、风险、障碍、人员问题等关键词和短语不断出现。在产品层面，可持续发展影响着从开发到采购的整个价值链，包括生产、分销、营销、服务和回收等环节。"必须将实现二氧化碳中和作为目标，我们今天所有的投资决策都基于这一原则"，全球明胶市场领导者嘉利达的首席执行官弗朗茨·约瑟夫·科纳特（Franz Josef Konert）博士如是说。这种必要的转型需要新的竞争力、具备不同资质的新员工，以及对现有员工的针对性培训。客户也需要接受再教育，以接受新的技术和流程，并同意为更可持续的解决方案付费。由于生命周期评估数据尚不完整，可持续发展的实施变得更加困难。即使是电动汽车的生命周期评估数据，也不能展现从原材料提取到处理电池等废弃部件所产生的全部影响。

消费者的角色

将可持续发展等同于环境保护的观点太狭隘了，显然，这是受到了希望避免环境破坏和规避风险想法的影响，但是汽车制造商的柴油丑闻、农药问题、大银行参与可疑交易等事件表明，可持续性发展是一个更大的话题。消费者对可持续发展的兴趣也在增长，他们不但通过抵制某些产品来惩罚违规行为，还通过表现出更大的购买和支付意愿来奖励良好的行为。当然，一些消费者对于可持续发展的要求可能只是口头上的，他们并不愿意支付更高的价格。但人们，尤其是年轻人的价值观正在转向更一致的行为。

可持续发展将从一个环保因素转变为一个可以使供应商展现差异化特征的因素，这种转型为品牌的重新定位和升级带来了机遇。原则上，这也不是什么新鲜事。几十年来，沃尔沃（Volve）一直代表着独特的汽车安全性，而美诺品牌则一直与卓越的可靠性和耐久性联系在一起。

可持续发展的驱动力

除了消费者需求之外，还有许多其他推动可持续发展的因素。各国政府在环境保护、工人保护（如所谓的供应链法）和公司治理（如女性在董事会中的比例)方面制定了越来越严格的规定。丑闻,尤其是金融领域的丑闻,引发了更严格的监管。可持续发展的一个强大驱动力来自零售商,它们要求其工业供应商提供可持续产品和工艺,来提高自身的可持续形象。就终端产品制造商而言,它们正在对自己的供应商施加压力。例如,个人护理产品生产商要求用由可生物降解材料制成的容器取代塑料容器。

投资者作为驱动力

投资者和金融中介机构的影响不那么明显,但越来越重要。《哈佛商业评论》提到"投资者革命",认为"股东们正在认真对待可持续发展"[8]。法国巴黎银行的一项全球研究中,受访者表示,他们计划将至少 50% 的资产投资于考虑 ESG 标准的企业[9]。全球最大的资产管理公司贝莱德(Blackrock)也积极致力于可持续发展。德意志交易所集团通过收购机构股东服务公司(ISS)展现其在可持续发展方面的承诺,而 ISS 在对机构投资者的建议中非常强调 ESG 标准。银行在发放贷款时越来越注重客户对于 ESG 标准的遵守,并以较低的利率奖励拥有较好 ESG 评级的客户[10]。良好的 ESG 评级被视为(具有较强的)应对危机的恢复力和抵抗力[11],新冠疫情进一步加强了可持续发展的重要性。

ESG 评级

围绕可持续发展,一个广泛的商业生态系统已经逐渐发展起来。

"可持续隐形冠军股票基金"及"欧洲可持续股票"等投资基金将可持续性作为其主要定位。一些专注于 ESG 评级的机构，如 Sustainalytics、MSCI、ISS-oekom、Vigeo Eiris，本身就是隐形冠军，而总部位于柏林的 Scope Group 等一般评级机构也提供 ESG 评级。德意志银行首席执行官克里斯蒂安·塞恩（Christian Sewing）表示："我个人认为，5 年后，ESG 评级将变得与信用评级一样重要。"⊖

然而，就标准化和可比性而言，ESG 评级仍处于早期阶段。在金融领域，不同评级机构的评级相关度为 0.99，而 ESG 评级对应的相关度仅为 0.61[12]。有专家评论说："ESG 评级在实践中存在争议，一个原因在于不同机构的评级有时差异很大。"[13] 对投资者来说，一个关键的问题在于可持续发展是否有回报，而一些观察人士认为"可持续成本回报"这一说法早已不再适用。隐形冠军萨利亚的经营涉及食品添加剂和动物饲料，以及食品和动物副产品的处理，其表示："我们不认为经济和生态是对立的，以最好的方式将它们结合起来是我们创业的核心。"[14] 的确，实证研究表明，可持续发展投资在长期内表现更好。一项研究比较了 18 年来可持续性评级分别为高和低的股票，研究结果显示："可持续发展公司的股票往往明显优于可持续性较差的同行的股票。"[15] 另一项研究证实了这一发现："2014 ～ 2017 年，在欧洲和北美的 ESG 投资超过了其他形式的投资。"[16] 这项研究还发现，ESG 评级最高的股票受益最多。

⊖ *Frankfurter Allgemeine Zeitung*, September 29, 2020, p. 23.

可持续发展和长期发展

可持续发展是长期战略而非短期努力的结果。因此，可持续发展和长期导向是密切相关的。隐形冠军的特点是它们的领导者具有长期导向，调查多次发现，隐形冠军首席执行官的平均任期超过 20 年[⊖]，而大公司首席执行官的平均任期只有 6 年[⊖]。虽然统计数据无法（完全）证明，但隐形冠军的首席执行官的长期任职很可能会带来更具可持续性的经营方式，而一个只有几年任期的首席执行官不太倾向于进行十几年后才会有结果的投资。绝大多数隐形冠军是家族企业，因此不受资本市场短期压力的影响，这也可以被视为有利于可持续发展。

关于可持续发展的讨论催生出了全新的想法，比如所谓的责任所有权模式（Responsible Ownership Model），即资产与公司绑定，不分配利润，公司不能出售，控制权掌握在与公司有长期关系的人手中[17]。包括安娜图拉（Alnatura），福士（Voss）和爱乐宝（Elobau）在内的隐形冠军尝试了这一运营模式，它类似博世（Bosch）、蔡司和采埃孚等公司长期以来的基础模式。

可持续产品和流程

大多数衬衫是棉质的，生产一件棉质衬衫平均需要 2 700 升水和 6 平方米耕地，全球使用的农业杀虫剂中 25% 与棉花生产有关。随着世

⊖ 1995 年均值为 20.6 年，2012 年均值为 20 年。

⊖ 参考 https://www.kornferry.com/insights/articles/where-have-all-the-long-tenured-ceos-gone 中的 6.9 年；https://www.strategyand.pwc.com/de/de/ceo-success.html 中的 6.6 年。

界人口的增长，水和土地越来越稀缺，物种灭绝也威胁着人类的生存。奥地利隐形冠军兰精集团（Lenzing）是木质纤维素纤维的全球市场领导者，它正在扭转这一趋势。它制作一件莱赛尔（Lycocel）衬衫平均只需要180升水和0.6平方米的土地，而且在森林管理委员会（FSC）认证的森林中不使用杀虫剂，时尚零售商Zara已经在销售这种衬衫。凭借这一创新和世界上最大的纸浆厂，兰精集团在未来几年仍将保持其生态领先地位。

Golden Compound用葵花籽的外壳生产的咖啡胶囊和类似产品，可以在100天内自然降解并且无任何残留，消费者可用其堆肥。葵花壳是葵花籽加工的废弃物，所以不需要额外的土地来种植，与石油基塑料相比，它们还有巨大的价格优势。Golden Compound凭借这一创新获得了PSI可持续发展奖。这也是一个商业生态系统，系统中的战略合作伙伴是全球最大的葵花籽加工企业嘉吉（Cargill），其他合作伙伴包括来自德国的金磨坊（Golden Mill）和来自保加利亚的First May JSC——世界上最为现代化的剥壳厂之一。

人们通常认为铸造厂与高科技、创新或可持续发展无关，但这是一种误解。Hüttenes-Albertus是一家世界领先的铸造厂化学品供应商，它开发了一种名为Cordis的无机黏合剂系统，这可以取代数千吨的油基黏合剂。与现有的黏合剂相比，Cordis在减少排放、周转时间、员工工作量和能源消耗方面都更胜一筹，并且不需要特殊设备来清理排放物。

现在许多人正在转向纯素饮食，欧洲豆腐市场的领军企业，隐形冠军Taifun-Tofu等公司正在利用这一趋势。豆腐是用大豆制成的，而德国不适合种植大豆。在与霍恩海姆农业大学（Agricultural University of Hohenheim）合作进行了长达十年的育种研究后，Taifun-Tofu 开发出了自己的大豆品种，它们非常适合在德国的气候条件下种植。这种大豆现在已获批使用，这一创新将推动当地豆腐原料基地的建立[⊖]。

只有所有参与物质循环的人共同努力，才能实现可持续发展。Recyclat Initiative 也是一个生态系统，汇集了清洁剂制造商 Werner & Mertz、对销售包装专门回收再利用的绿点标志（Der Grüne Punkt）、奥地利包装领域隐形冠军阿普拉（Alpla）、环保组织德国自然保护联盟（NABU）、零售商 REWE，以及 Unisensor Sensorsysteme。Werner & Mertz 是家用生态清洁剂的先驱，近日，其首款生态沐浴露上市。可持续发展必须包括包装，而不仅仅关注产品，Werner & Mertz 所有的包装都是用回收塑料制作的。

可用衣物的处置造成了巨大的资源浪费，一个常见的解决办法就是二手服装市场。事实上，在过去 5 年中，这类市场的数量在全球范围内翻了一番，规模达到了 280 亿美元，并有望在未来 5 年内增长到 640 亿美元 [18]。欧洲户外服装市场的主导企业 Globetrotter 公司也积极响应这一潮流，将所有相关户外品牌的退货和二手产品再次销售。Globetrotter 首席可持续发展官艾科·博德（Aiko Bode）表示："我们的目标是促进现有资源的可持续和长期利用。在很多情况下，大量全新的产品会被处理掉，因此我们决定采取一种不同的方法，在产品的吊牌上提供有关其产地、生产年份和已有修补情况的信息。对我们来说，高质量二手产品

⊖ *Frankfurter Allgemeine Zeitung*, September 3, 2020, p. 20.

的再利用并不是一种廉价行为，它是在表达一种有意识的、生态可持续的生活方式。"[19]

Momox 是欧洲电子商务市场的领导者，经营着二手服装网店 Ubup，Momox 的员工数量在 2019 年增长了 61%，达到 1 900 名。汤米·希尔费格（Tommy Hilfiger）、博斯（Boss）和拉夫·劳伦（Ralph Lauren）等经典时尚品牌的网店销售额尤为出色。Momox 正在与快时尚潮流做斗争，这将有助于减轻环境的负担。

科沃施是甜菜种子、青贮玉米和杂交黑麦种子的全球市场领导者，其将 18.5% 的销售额用于研发，这一比例只有在制药或软件公司才会出现。除此之外，其拥有 2 053 名研发人员，占全体员工的 37%。科沃施每一年的渐近式创新成果都有助于提高植物对病虫害的抵抗力，增强肥料和作物保护产品的使用效果，并提高植物对干旱等气候的耐受力。

隔热建筑是降低能耗最有效的方法之一，但许多隔热材料存在对环境不友好的问题。作为欧洲木纤维隔热材料市场的领导者，隐形冠军 Steico 始终专注于材料的可持续性和可回收性。Steico 为建筑和地板提供了一套综合的天然材料和所谓的吹入式隔热系统，同时，它的系统解决方案包括了对上门技术员的培训和指导。Steico 因其对可持续发展的贡献获得了无数奖项，它也证明了可持续发展和盈利不一定矛盾，作为一家建筑材料供应商，Steico 8.9% 的销售净回报率是非常出色的。

Sonnen GmbH（以下简称 Sonnen）是全球智能电池存储市场的领导者，其不仅提供产品，而且提供全面的电源管理系统解决方案。通过与电网运营商 Tennet 和 IBM 的合作，Sonnen 使用区块链技术将数千块的电池集成到所谓的再调度系统中。Sonnen 吸引了国际关注，并获得了许多奖项，包括价值 150 万美元的扎耶德未来能源奖（Zayed Future Energy Prize）。麻省理工学院将 Sonnen 评为世界上最具创新力的公司之一，与亚马逊、脸书和苹果等公司齐名。

大部分过期或包装不当的食品最终会成为有机垃圾。全球鱼类加工系统的领导者、隐形冠军 Badder，开发了一种用于回收食品的拆包解决方案。它生产的机器能将食品从包装中分离出来，然后对食品进一步加工，比如生产动物饲料。

泰瑞环保（Terracycle）致力于引入一种没有浪费的全面循环经济，其目前活跃在 22 个国家。该公司希望彻底消除垃圾填埋和焚烧的处理方式，取而代之的是将垃圾引入回收的更高阶段。该想法的基础是将垃圾回收分为 5 个阶段：填埋、焚烧、回收、升级回收和再利用，通过升级回收将塑料瓶变成背包，将谷物袋变成浴帘。泰瑞环保的创始人汤姆·扎克伯格（Tom Zuckerberg）被称为"绿色扎克伯格"。

社会可持续性

Uzin Utz 是一家提供全方位服务的全球地板系统供应商，专注于生产"可持续、低排放和环保的产品"[20]。Uzin Utz 每年发布的综合可持续发展报告涉及所有 ESG 标准，并包括所有子公司。"我们的战略目标是保持和提高价值链各方面的可持续性，比如产品开发和制造、供应链以及员工方面。"[21]

福士集团拥有 5 100 名员工，是汽车流体管路系统的隐形冠军，其提供的一份示范性的可持续发展报告中不但涵盖了能源和资源消耗，还包括合规性、意外伤害率、职业安全、年龄结构、女性员工比例、培训等方面内容 [22]。

可持续发展也可以间接实现。Visiconsult X 射线系统和解决方案公司（VisiConsult X-Ray System & Solutions，简称 VisiConsult 公司）是 X 射线材料检测系统的全球领导者，其系统可用于检查火车车轮和飞机机翼。它与可持续发展有什么联系？VisiConsult 公司的设备有效提升了我们生活的安全指数，正如吕讷堡大学医疗技术研究所所长索斯藤·布祖格（Thorsten Buzug）教授所说："无损材料测试比医院的放射科挽救了更多的生命。" [23]

从社会可持续发展的角度来看，隐形冠军有两个非常重要的特点。首先，每年 2.7% 的极低员工流动率不仅体现了高忠诚度，而且体现了员工高满意度。只要有可能，隐形冠军就会避免裁员，这种做法为它们赢得了国际关注，并帮助德国在 2008 ～ 2010 年大衰退后快速复苏。其次，隐形冠军强调教育活动，它们参加学徒计划的员工比例比德国公司的平均水平高出 50%（前者为 9%，后者为 6%）。

第 16 章"商业生态系统"已经展现了隐形冠军对当地及区域环境发展的贡献 [24]。隐形冠军不仅是纳税人，而且在文化、体育、社会事务等领域为社区和社会的可持续发展做出了许多贡献。

可持续发展不是一项会有最终结果的任务，但它将推动隐形冠军改变它们的产品和流程。从这个意义上说，它类似创新，这也是下一章的重点。

参考文献

1. Müller-Christ, G. (2020). *Nachhaltiges Management*. Baden-Baden: Nomos.
2. Preußer, J. (2020, September 17). Green Finance kommt. *Frankfurter Allgemeine Zeitung*, Verlagsspezial Mittelstandsfinanzierung, p. V4.
3. Negrin Ochoa, F., Holger, D., Sardon, M., & Lindsay, C. (2020). The 100 most sustainably managed companies in the world. *The Wall Street Journal*.
4. Ip, G. (2019). Business shifts from resistance to action on climate. *The Wall Street Journal*.
5. Retrieved from https://www.linkedin.com/feed/update/urn:li:activity:6719516619292450816/.
6. Retrieved from file:///C:/Users/651/Downloads/EC_DE.pdf.
7. Retrieved 2020, from https://www.klimaschutz-unternehmen.de/startseite/.
8. Eccles, R. C., & Klimenko, S. (2019). The investor revolution—Shareholders are getting serious about sustainability. *Harvard Business Review*, pp. 107–116.
9. BNP Paribas. (2019). *Große Erwartungen an ESG—Was kommt als Nächstes für Asset Owner und Asset Manager*. Paris: BNP Securities Services.
10. Zdrzalek, L. (2020, November 2). Endlich Weltverbesserer. *Wirtschaftswoche*, Special Edition No. 1, pp. 49–50.
11. Serafeim, G. (2020). Social-impact efforts that create real values. *Harvard Business Review*, pp. 38–48.
12. Oliver Hagedorn, O. (2020). Stolperstein ESG-ratings—Lernen Sie die Spreu vom Weizen zu trennen. Avesco Financial Services.
13. Gränitz, M. (2020). Schlechte Noten? *Institutional Money, 4*, 140–144.
14. Retrieved from https://www.saria.com/index.php?id=5246&L=0.
15. Kell, G. (2018, July 11). The remarkable rise of ESG. *Forbes*.
16. Holder, M. (2019, January 22). New research finds that ESG screening boosts stock market performance. *GreenBiz*.
17. Retrieved from https://stiftung-verantwortungseigentum.de/2020.
18. Retrieved from https://www.statista.com/statistics/826162/apparel-resale-market-value-worldwide/.
19. Retrieved September 3, 2020, from https://de.fashionnetwork.com/news/Globetrotter-startet-secondhand-verkauf,1240600.html.
20. Retrieved from https://de.uzin-utz.com/ueber-uns/portrait/
21. Retrieved May 19, 2019, from https://www.uzin.de/detail/news/1558389600-uzin-utz-group-veroeffentlicht-gruppenweiten-nachhaltigkeitsbericht/.
22. Retrieved from https://www.voss.net/de/verantwortung/2020.
23. Benkert, S. (2019, January 3). Sie strahlt bei jeder Prüfung. *Frankfurter Allgemeine Zeitung*, p. 8.
24. Görmar, F., Vonnahme, L., & Graffenberger, M. (2020, February 18). *Hidden Champions als Impulsgeber für die Kleinstadtentwicklung*. Leipzig: Leibniz-Institut für Länderkunde.

创新

第 19 章

　　没有一家公司能够通过模仿成为隐形冠军，成为隐形冠军的唯一途径就是创新。此外，没有一家公司能够仅仅通过专注于产品创新就保持住隐形冠军的地位。维护市场领导地位需要公司在价值链的各个阶段和客户利益的各个方面不断创新。创新渗透到流程、成本、服务、营销和人力资源之中。

　　隐形冠军的创新活动显然远远高于行业平均水平。根据一份针对中小企业创新的研究报告，创新者比例（过去 3 年内至少推行一项创新的公司的百分比）多年来一直在下降，最近下降到只有 19%[1]。几乎所有的隐形冠军都是员工超过 50 人的中小企业，对于这类企业，创新者比例明显更高，为 49%。根据这项研究报告，德国中小企业中产品创新和工艺创新的比例大致相同。欧洲经济研究中心（Center for European Economic Research）的一项研究表明，80% 的隐形冠军都是创新者[2]。

专利

创新很难以定量的方式进行衡量。在产品层面，专利是衡量创新能力最有效、最广泛的标准之一。专利的重要性在不同的行业差异很大，但在技术领域是最高的，很多隐形冠军都活跃在这个领域。

我们根据 2010 ～ 2019 年每百万居民（拥有的）欧洲专利[⊖]数，来看看各个国家在专利方面的表现（见图 19-1）。该数据来源于国际上应用最广泛的专利数据库。

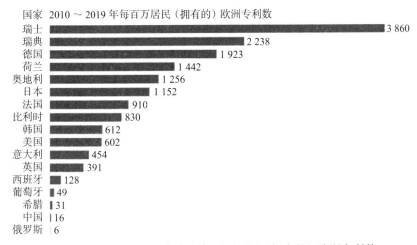

图 19-1　2010 ～ 2019 年各国每百万居民（拥有的）欧洲专利数

从图中可以看出，瑞士在专利表现上遥遥领先。原因之一是，2001 ～ 2010 年瑞士约有 1.8 万名专利活跃发明家作为移民净流入，而同一时期

⊖ 欧洲专利（或欧洲发明专利）是由欧洲专利局（European Patent Office，简称 EPO）根据欧洲专利公约（European Patent Convention，简称 EPC）审查并授权的、可以在欧洲专利组织（European Patent Organization）成员国生效的发明专利。

德国则有 7 000 名移民净流出[⊖]。原因之二是，瑞士的低税率促进了专利申请，为它的专利领先地位做出了贡献。瑞典、德国、荷兰和奥地利紧随其后，但彼此的差距相当大。

其他欧洲国家，尤其是南欧国家的表现明显较差。德语国家的公司和北欧公司的创新能力是其拥有众多隐形冠军的原因之一。

与欧洲专利数量的强劲表现一致的是，德国在彭博创新指数（Bloomberg Innovation Index）中排名第 1[3]。德国最大的优势在制造业附加值、高科技密度以及专利活跃度方面。瑞士在研发强度和研究人员集中度方面表现突出，排名第 4，奥地利排名第 11。

世界级的专利

并非所有专利都同等重要。贝塔斯曼基金会分析了"世界级专利"[4]，其定义是"所有专利中最重要的 10%"。该基金会的研究基于 Ernst 和 Omland 开发的一种方法，其中包括市场覆盖率、其他专利申请中的引用情况以及其他类似的标准[5]。分析中总共考察了 58 个未来技术领域，包括：风力发电、功能性食品、物联网（IoT）、区块链、碳和石墨烯、无人机以及合理药物设计等。

风力发电领域的专利情况很好地显示了专利申请与世界级专利之间的差异。截至 2019 年 9 月，全球共有 40 011 项风电专利注册。其中，

⊖ https://www.wipo.int/edocs/pubdocs/en/wipo_pub_941_2013-section1.pdf. 美国活跃发明人移民净流入最高，为 18.4 万。中国活跃发明人移民净流出最高，约为 −50 000。

42% 来自中国，但当中只有 300 项被认为是世界级的。

研究显示，欧洲和德国的专利整体地位相对较弱。美国仍然是无可争议的"专利超级大国"，而东亚各国正在快速追赶。欧洲仅在风力发电和功能性食品领域占据领先地位。德国仍然是欧洲最强大的专利强国，但在全球范围内正逐渐落后。2010 年，德国在 58 个技术领域中的 47 个领域，世界级专利数量位居前 3。截至 2019 年，这一份额仅包括 22 个技术领域，降幅超过一半。

欧洲和德国的弱点不在于研究，而在于商业化。美国和中国往往更快地将新想法转化为成功的产品和公司。这项研究反映了这样一个事实：德国和欧洲公司在未来市场上的代表性太弱了。不幸的是，这个事实也存在于相当多的隐形冠军。很少有年轻的公司在未来的市场中具备创新精神，就像传统的隐形冠军之前在更成熟的市场中做的那样。

德国的专利

在德国专利局申请专利最多的 50 家公司中，有 31 家德国公司和 19 家外国公司[6]。在德国公司中，有 11 家（35%）是隐形冠军。卡尔蔡司 SMT、菲尼克斯电气、克朗斯和福伊特（Voith）这四个隐形冠军拥有数量惊人的 1 060 项专利，几乎等于所有德国大学和弗劳恩霍夫协会申请专利的总和（1 059 项）。隐形冠军的专利活动远远超出了它们的相对规模。它们每 1 000 名员工（拥有的）专利数证实了这一点，即隐形冠军每 1 000 名员工拥有 31 项专利，而大公司对应的数据是 6 项。

高德纳技术成熟度曲线

在讨论渐进式和突破式创新之前，我想简要介绍一个备受关注的概念，即高德纳（Gartner）市场研究公司提出的所谓"技术成熟度曲线"[7]。这是对创新扩散的一种图形表示。在经典的观点中，这种扩散遵循 S 形曲线，即在缓慢而平稳的启动阶段之后，需求会加速并更加强劲地增长，最终过渡到饱和状态。技术成熟度曲线假设一项技术在早期阶段的预期会被夸大。这种夸大在长期的 S 形曲线上叠加了一条钟形曲线。图 19-2 显示了新兴技术的高德纳技术成熟度曲线。

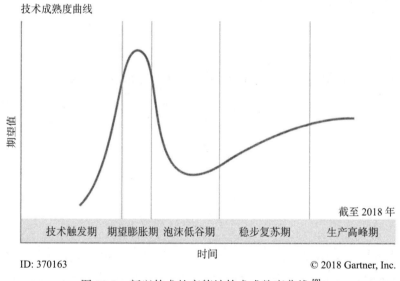

图 19-2　新兴技术的高德纳技术成熟度曲线 [8]

如前文，由于技术会被夸大，处于成熟度曲线早期阶段的创新很容易被认为是一项突破技术，尽管长期潜力可能有限。而成熟度曲线作为客观评估创新的一个有用工具，有助于更现实地评估创新的扩散情况。

渐进式创新

绝大多数的创新都是渐进式的，意味着对现有产品的改进。这一点也适用于隐形冠军。全球链锯市场的领导者斯蒂尔集团（Stihl）在一年内就对其主产品进行了42项创新。哈高（Hako）是专业清洁机器领域的隐形冠军，其座右铭是"每天都更好一点"，这贴切地描述了其渐进式创新的文化。这种策略在成熟市场很有效，因为成熟市场的重点是完善产品，而不是采用全新的方法创造产品。特德·莱维特（Ted Levitt）是这样说的："持续的成功主要就是定期专注于正确的事情，并且每天推动无数不起眼的小进步。"[9] 一项针对885家在欧洲证券交易所上市的家族企业的研究得出结论："长期致力于最细微的改进是长期成功的一个关键性因素。"[10]

大多数隐形冠军的首席执行官都会同意上述说法，但也有人持相反的观点。贝塔斯曼创新图谱（Bertelsmann Innovation Atlas）将渐进式创新的主导地位视为"德国创新格局的决定性弱点之一"[11]。在一项追溯到1871年的长期分析中，维姆·诺德（Wim Naudé）和葆拉·纳格勒（Paula Nagler）得出了类似的结论。他们认为"锁定在渐进式创新中的创新体系"是德国创新能力长期下降的原因之一[12]。

但我不认同这种观点。在我看来，认为几乎所有领域都需要颠覆式创新是一种错误的观点。绝大多数产品和服务都是渐进式发展的。然而，渐进式创新对现有产品来说有两种风险：被颠覆式创新取代的风险和边际效用递减的风险。接近完美的状态意味着创新投入增加的同时，为客户带来的额外的效用减少。最终，这个过程会达到一个临界点，在这个临界点上，向新技术的飞跃将成为必然。错过这一点可能是隐形冠军的主要风险。

突破式创新

突破式或颠覆式创新并不多见，但能吸引媒体的高度关注。通快集团前首席执行官曾经说过，这种创新每 15 年才会发生一次。尽管如此，许多隐形冠军还是通过全新的问题解决方案脱颖而出。这一点直到今天都没有改变。以下是一些令人印象深刻的突破式创新。

KSB 增材制造

隐形冠军 KSB 是全球泵技术市场的领导者之一，也是全球第一家获得压力设备材料和半成品增材制造认证的公司。其采用 3D 打印技术制造的油冷却器，单位重量的冷却能力是传统冷却器的 3.57 倍（重量减轻 65%，性能提高 25%）[13]。3D 打印对制造业和物流的影响巨大。亚马逊已经申请了一项专利，内容是如何在能够在卡车内利用 3D 打印技术生产产品，使产品可以快速交付⊖。

Volocopter

Volocopter 是世界上第一架电动直升机。这个飞行器显然不只是一

⊖ 美国专利号 9898776，华盛顿特区：美国专利及商标局 2018 年。

个典型的机电产品，它还是一个自动化的空中出租车系统。2020 年 12 月，Volocopter 与新加坡签署了一项计划于 2023 年实施的空中出租车服务合同，其与迪拜的谈判也在进行中。值得注意的是，Volocopter 战胜了价格明显较低的中国竞争对手亿航智能（EHang）。这个案例说明，即使在最先进的领域，德国隐形冠军也绝不是没有机会与中国的竞争对手抗衡的。

Lilium

总部位于慕尼黑的 Lilium 公司正在开发一种垂直起降电动飞机，其野心不亚于 Volocopter。该飞机于 2020 年进行了首飞。Lilium 的重点市场将是城际穿梭航班。2021 年，Lilium 在纳斯达克证券交易所上市 [14]。

Torqeedo

巴伐利亚阿尔卑斯山脉的施塔恩贝格湖对船只使用的内燃机存在严格的限制。这让克里斯托夫·巴林（Christoph Ballin）和弗里德里希·伯贝尔（Friedrich Böbel）萌发了开发船用发动机的想法。他们发现了一个真正的市场空白。如今，Torqeedo 成了全球电动舷外发动机市场的领导者。在詹姆斯·邦德的电影《007：幽灵党》中，主角就乘坐了一艘由 Torqeedo 发动机驱动的船。

iLint 氢动力火车

2018 年 9 月 18 日，全球首辆氢动力列车进行了首航。从那时起，这种名为 Coradia iLint 的创新型列车就一直在德国北部的四个城市之间定期运行。iLint 运行时很安静，并且只排放蒸汽和水。它由位于萨尔茨吉特的区域列车能力中心开发，用于非电气化线路，使清洁、可持续的列车运营成为可能。iLint 加注一次燃料的航程为 1 000 公里。在前两年，氢燃料是通过卡车运送的，但从 2021 年开始，世界上第一个火车氢燃料补给站开始运行。

奥托博克矫形器

人机接口方面目前有了突破性的创新。奥托博克是全球假肢和矫形器市场的领导者，其产品可以检测截肢端的神经信号，并将其转化为假肢的机械运动，这极大地提高了用户的生活质量。奥托博克首席执行官汉斯－格奥尔格·奈德（Hans-Georg Näder）写道："奥托博克位于人与机器、人工智能、机械化人和机器人之间的中心接口。在这个接口处，我们将在不久的将来开创全新的市场和商业模式。这就是我所说的'未来'。"随着医学和技术的逐渐融合，将不同领域的知识和研究整合起来是一个巨大的挑战。汉斯－格奥尔格·奈德说："未来，我们将航行在更广阔的海洋上，但首先我们必须发现这片海并对其进行描绘。"奥托博克是创新生态系统的一部分，而在这个生态系统中，当地大学为其提供了全球唯一的仿生研究项目。

○ 个人访谈，2020 年 12 月 7 日。

UV-C LED 消毒

消毒是现代医疗保健的主要问题之一。在为期三年的研究中，救护车供应商 Binz 与弗劳恩霍夫光学、系统技术和图像开发研究所开发了一套用于救护车和救援车辆消毒的系统。这个系统被认为是"消毒领域的巨大突破"[15]。在很短的时间内，救护车内就可以达到洁净室条件，甚至可以在里面进行手术。贺利氏（Heraeus）集团和欧司朗光电半导体公司推出了利用 LED 灯进行消毒的技术，包括一种供消费者对环境进行消毒的设备。贺利氏特种光源公司（Heraeus Noblelight）为公共汽车配备了被称为"光剑"的 UV-C 灯，它能杀灭 99.9% 的病毒[16]。未来 5 年，UV-C 的市场预计将翻两番。

Va-Q-Tec 热塑箱

药品、疫苗以及电子设备或艺术品都必须在恒定的、通常非常低的温度下运输。最初的新冠疫苗需要 $-70℃$ 的运输环境。Va-Q-Tec 公司发明了一种全新的保温箱技术，它的隔热性比聚苯乙烯泡沫塑料好十倍，可以在没有任何额外能源供应的情况下，将包装好的物品保持在恒温状态数天甚至数周。该公司拥有 180 多项专利，在新冠疫情期间，大量需要极端低温储存的检测试剂盒和疫苗小瓶通过 Va-Q-Tec 热塑箱运输。其客户名单读起来就像制药和生物技术行业的名人录。它在必须于 $-18℃$ 下运输的冷冻食品市场的份额有望进一步增长。

Graforce

工业废水、泥浆、塑料或气体中的有机和无机化合物具有巨大的能源潜力。Graforce 采用一种被称为等离子体分解的工艺，从这些残渣中生产绿氢和其他有价值的工业气体。等离子体分解制氢需要的能量更少，因此其成本比传统的电解过程要便宜得多。传统工艺的成本是每千克氢 6 ~ 8 欧元，而等离子体分解工艺的成本仅为每千克氢 1.5 ~ 3 欧元。

磁悬浮列车 TSB

磁悬浮列车 TSB（Transport System Bögl）由隐形冠军 Max Bögl 开发，并于 2020 年秋季获得德国联邦铁路局认证。Bögl 参与了 2002 年上海磁浮列车示范运营线的建设，该项目的运行时速为 300 公里 / 小时。在蒂森（Thyssen）和西门子放弃了磁悬浮列车项目后，Bögl 接管了自己的磁悬浮列车开发工作。

德国联邦铁路局认证使这个面向未来的运输系统得以推广。与专为长距离和最高时速 500 公里 / 小时设计的高速磁悬浮系统不同，TSB 针对的是短途路线和最高时速 160 公里 / 小时的路程。在可能拥有最大市场机会的中国，Bögl 正在与新筑合作，新筑在成都运营着一条长约 3.5 公里的测试轨道。TSB 是"目前本地公共交通最现代化的解决方案。该系统安静且无接触地悬浮在高架、地面或地下轨道上"[17]。从规划，到制造，再到运营，Bögl 作为独立供应商提供了完整的解决方案。

Vectoflow

Vectoflow 致力于通过 3D 打印技术制造流体动压测量探头。这种增材制造可以以前所未有的规模实现小型化、高精度、灵活性和定制化。Vectoflow 于 2015 年由机械工程师卡塔琳娜·克赖茨（Katharina Kreitz）等联合创立，目前已经拥有了大量客户，包括西门子、空客、特斯拉、雷神（Raytheon）、赛峰（Safran）、通用电气、宝马和丰田等。

Twaice 电池分析

电池是交通和能源系统的核心。在不久的将来，它们不仅将为数百万辆汽车提供动力，而且将在发电和用电之间起到缓冲作用。与此同时，电池在充电、寿命、功率输出和类似过程方面形形色色，辨别这些差异正是 Twaice 在做的工作。这个初创公司根据每一个可能的参数对电池进行分析。在电池的维护、充电过程和更换方面，客户受益显著。

SpaceX 火箭的燃烧室

埃隆·马斯克在哪里购买铸造系统为 SpaceX 制造星舰的燃烧室和其他高压力部件？答案是隐形冠军 MK Technology。MK Technology 生产熔模铸造系统，这是 3D 打印的替代品，可以生产极其复杂的形状。MK Technology 已经为 SpaceX 公司提供了多条熔模铸造生产线，用于制造燃烧室。SpaceX 公司对成果非常满意，因为 SpaceX 需要 1 000 台大型 3D

打印机才能实现相同的产出。火箭的其他部件可继续使用 3D 打印机来制造，该技术来自该领域的全球市场领导者——德国隐形冠军 EOS。

飞天狗、智能鸟和变色龙

费斯托（Festo）是全球气动领域的市场领导者，其通过技术复制自然界的模型，不断实现令人印象深刻的突破式创新。一部分极具代表性，充分展示了费斯托的技术专长和技术实力。其中仿生飞天狗和智能鸟的视频令人惊叹，非常值得一看[18]。费斯托的技术人员不仅成功地破译了鸟类的飞行原理，而且在技术上实现了对其的复制。仿生方法带来了高度实用的解决方案。其中一个例子是 FlexShapGripper，它模拟了变色龙舌头的抓拾能力，可以拾取和放置任何形状的小物体。同样，这个视频令人印象非常深刻[19]。在访问中国期间，我亲眼看到这些不同寻常的技术在普通市场上的实际用途。我询问了数十家工厂是否在使用费斯托的产品，答案总是"是的"。

量子传感器

隐形冠军们正在进军前沿技术领域。作为传感器领域的隐形冠军，西克公司正与激光专家通快集团合作，推出一款基于量子技术的传感器。西克的首席执行官罗伯特·鲍尔（Robert Bauer）解释说："量子传感器可以测量 1/5 微米大小的粒子，仅为头发丝厚度的 1/200。"[20] 这种前沿技术的潜在应用正在半导体生产、制药工业和环境领域涌现。

创新过程

隐形冠军的创新过程具有诸多特点。欧洲经济研究中心的一项研究得出结论："隐形冠军企业拥有优秀的创新过程管理。"[21] 创新始于对研发的投资。隐形冠军的研发强度（即研发费用占销售收入的比例）为 6%，是德国工业企业平均水平的 2 倍。在研发强度最高的 35 家德国上市公司中，该比例为 4.8%[22]。而种子生产领域的隐形冠军科沃施的这一比例为 18.5%。请注意，科沃施不是一家初创公司，其成立于 1856 年。

如前所述，隐形冠军每 1 000 名员工拥有 31 项专利，而大公司只有 6 项。二者每项专利的成本相差 4 倍。对大公司来说，每项专利的成本是 270 万欧元，而对于隐形冠军来说，每项专利的成本是 52.9 万欧元。这一差异表明，二者的创新过程差异显著。

根据德国经济研究所的数据，德国的平均专利利用率（即专利在产品中的实际使用）仅为 15%。另一个数据来源中，专利利用率仅为 5% ～ 7%[23]。这些低比例适用于大公司和独立发明家[24]。对隐形冠军来说，这一比例达到了 75%，这意味有 3/4 的专利被投入到产品使用中。其原因在于隐形冠军对客户的关注度和贴近度更高，它们避免开发那些客户最终会不接受的功能、产品或服务。

创新是隐形冠军的首要任务，高层管理人员既是创新的积极发起者，又是执行者。全球微型电池市场领导者瓦尔塔的首席执行官赫伯特·施恩（Herbert Schein）致力于这一使命："我们需要创新的文化。对我来说，最重要的任务之一就是创造这种创新文化。信任度和敏捷性很重要。我们决定一件事后就立即执行。"[25] 这种做法只有当专注和深度结合在一起，领导者充分参与细节，有效地推动创新时才能发挥作用。每个参与者都能接受的战略以及各职能部门之间的顺畅协作能够促进和加速创新过程，并带来更好的结果，尤其是在流程创新方面。对创新的成功而言，头脑和能力比预算更加重要。"与其他公司相比，隐形冠军的员工更多地参与到创新过程中，这创造了一种特别鼓励创新的组织氛围。"朱利安·申肯霍夫（Julian Schenkenhofer）写道[25]。

连续性是实现持续改善和最终成果的必要条件。客户为隐形冠军提供非常重要的创意，并深入参与到它们的创新过程中[26]。这需要一种建立在信任基础上的关系。尽管人力和财力有限，但事实证明，隐形冠军是杰出的创新者，尤其是因为它们以不同的方式设计创新流程。因此，它们的创新能力比大公司高出数倍。

参考文献

1. Kreditanstalt für Wiederaufbau. (2020). *KfW-Innovationsbericht 2019*. Frankfurt.
2. Retrieved from https://www.bloomberg.com/news/articles/2020-01-18/germany-breaks-korea-s-six-year-streak-as-most-innovative-nation.
3. Breitinger, J. C., Dierks, B., & Rausch, T. (2020). *Weltklassepatente in Zukunftstechnologien—Die Innovationskraft Ostasiens, Nordamerikas und Europas*. Guetersloh: Bertelsmann Stiftung.
4. Ernst, H., & Omland, N. (2010). The patent asset index—A new approach to benchmark patent portfolios. *World Patent Information, 33*, 34–41.
5. Retrieved from https://www.dpma.de/dpma/veroeffentlichungen/statistiken/csv-statistiken/index.html.
6. Retrieved from https://www.gartner.com/smarterwithgartner/5-trends-drive-the-gartner-hype-cycle-for-emerging-technologies-2020/.
7. Blosch, M., & Fenn, J. (2021). Understanding Gartner's hype cycles. Garnter.com, September 23; with permission by Gartner June 24, 2021.
8. Levitt, T. (1988), Editorial. *Harvard Business Review*, p. 9.

9. Conren. (2020). *Studie zu börsengelisteten Familienunternehmen in Europa.* Heidelberg and Zurich, p. 9.

10. Pohl, P., & Kempermann, H. (2019). *Innovative Milieus—Die Innovationsfähigkeit deutscher Unternehmen* (p. 30). Guetersloh: Bertelsmann Stiftung, October.

11. Naudé, W., & Nagler, P. (2021, March 2021). The rise and fall of German innovation. *Discussion Paper 14154,* IZA Institute of Labor Economics, Bonn.

12. Stieler, M., & Munk, A. (2020). Die additive Fertigung bei KSB. *Marketing Review St. Gallen, 60,* 46–53.

13. Retrieved from https://binz-automotive.com/viren-bekaempfung-mit-led-licht-aus-ilmenau/.

14. N.A. (2020, November 7). Ein Lichtschwert gegen Viren. *Frankfurter Allgemeine Zeitung,* p. 28.

15. Retrieved from https://transportsystemboegl.com/gruenes-licht-vom-eisenbahn-bundesamt-fuer-das-tsb/.

16. Retrieved from https://www.festo.com/group/en/cms/13130.htm und https://www.festo.com/group/de/cms/10238.htm.

17. Retrieved from https://www.youtube.com/watch?v=m7l-87r4oOY.

18. Preuß, S. (2021, November 6). *Deutscher Sensor der Superlative.* Frankfurter Allgemeine Zeitung, p. 21.

19. Rammer, C., & Spielkamp, A. (2015). *Hidden champions—Driven by innovation.* Mannheim: ZEW.

20. EY. (2019). *Top 500 F&E: Wer investiert am meisten in Innovationen.* Vienna: EY.

21. Retrieved from https://idw-online.de/de/news445856; and https://uol.de/fileadmin/user_upload/forschung/download/Transfer/Patente/PatFi-PVA-Kap5.pdf.

22. Retrieved from https://www.dpma.de/docs/dpma/veroeffentlichungen/1/dpma-.

23. N.A. (2020, September 1). Ich will überall Innnovationen sehen. Interview with Herbert Schein, *Frankfurter Allgemeine Zeitung,* p. 22.

24. Schenkenhofer, J. (2020). Hidden champions: A review of the literature and future research avenues. *Working Paper Series 06-20,* Lehrstuhl für Management und Organisation, Universität Augsburg, p. 17.

25. Retrieved 2019, from https://www.juliusraabstiftung.at/publikationen/studie-innovation-und-resilienz-bei-familiengefuehrten-kmus/.

战略的新游戏

野心 第20章

一家企业如何能成为隐形冠军？没有一家隐形冠军是偶然间成为全球市场领导者的。它们之所以能做到这一点，是因为企业创始人及其继任者的野心和目标，以及在它们的行业中做到极致的意愿，尤其是在全球市场上。无论范围是本地、全国还是全球，追求卓越的欲望都会激发强烈的动力。知名的隐形冠军传奇创始人就是被这种野心所驱使的。这适用于年轻一代的隐形冠军领导者和企业家吗？答案是响亮的"是"，如下文所示。

隐形冠军易格斯的首席执行官弗兰克·布拉泽（Frank Blasé）说："16岁时，我们在学校被问到想要在职业生涯中取得什么成就。我说，'做一些能让我成为世界第一的事情'。"[一]如今，他的公司易格斯是运动塑料的全球市场领导者。全球链锯市场领导者斯蒂尔的董事长尼古拉

㊀ 个人访谈，2020年10月20日。

斯·斯蒂尔（Nikolas Stihl）说："我们要么做到最好，要么就不做。"⊖这句话不仅适用于斯蒂尔的经典汽油供能产品，也适用于其新一代电池供电设备。这些设备为斯蒂尔开辟了全新的视角，也要求公司进行真正的转型。熔模铸造隐形冠军 MK Technology 的首席执行官迈克尔·屈格尔根（Michael Kügelgen）表示："我们必须制造世界上最好的机器。"⊖作为铸造厂的领先供应商之一，Hüttenes-Albertus 同样雄心勃勃地表示："我们的目标是致力于成为最具创新性的公司和全球铸造行业的首选供应商。"[1]

焊接技术领域的全球市场领导者之一 EWM 这样表达自己的野心："我们的目标是在技术、质量和客户利益方面做到最好。"[2]全球微型电池市场领导者瓦尔塔的首席执行官赫伯特·施恩也提出了类似的主张："我们希望在每个工艺步骤中都成为第一。"[3]其大股东、奥地利投资者迈克尔·托内尔（Michael Tojner）对此表示赞同："我们希望成为电池制造领域的苹果。"[4]这些陈述都强调了一个重要的方面，即每一个性能特征和每一个过程步骤都开辟了新的机会和领域，在这些机会和领域中，每个企业都有取得成功并成为最好的可能。

不只是老牌隐形冠军想竞争成为最好的，年轻的隐形冠军也有类似的野心。翻译服务企业 DeepL 自信地表示："我们的表现优于其他所有的翻译系统，DeepL 翻译程序提供全球最好的翻译服务。在欧美，DeepL 已经被誉为全球最好的 AI 翻译提供商。"[5]计算机生成图像（CGI）的全球市场领导者迈科伟城（Mackevision）同样雄心勃勃地提

⊖ *Private Wealth-Magazine*, December 2019, p. 20.

⊖ 个人访谈，2020 年 5 月 23 日。

出："我们的目标是提供最高水平的解决方案和产品，同时成为全球绝对第一。"[6]麦克风和耳机的全球市场领导者之一森海塞尔（Sennheiser）的目标也是"完美"，森海塞尔表示："我们追求完美的声音。"[7]

市场领导力

在许多情况下，隐形冠军的雄心壮志与市场领导力直接相关。立志成为市场第一与取得市场领先地位密切相关，那些成为并保持最佳的企业有很大的机会成为市场领导者。西克公司是传感器技术的全球市场领导者之一，它表示："市场领先意味着成为其他公司用来衡量自己的卓越标准。我们在全球范围内树立了标杆。"加油站电子价格显示器的全球市场领导者 PWM 的负责人马克斯 – 费迪南德·克拉温克尔（Max-Ferdinand Krawinkel）这样说道："我们的目标是在我们活跃的所有国家成为市场领导者。"⊖PWM 在德国的市场份额约为 90%，在美国市场也排名第一。

超过 1/3 的德国隐形冠军认为自己是全球第一。对它们中的大多数来说，对市场领导地位的追求超越了拥有最高市场份额的目标。这样的追求塑造了它们的身份，它们追求全方位地成为市场上的佼佼者，即在技术、质量和声誉方面领先所有市场参与者——客户、供应商和竞争对手。收入和单位销售额是领导地位的结果和指标，但并不是主要目标。

在许多情况下，这些公司在发展早期就明确提出并传达了引领市场的主张。成为最好的公司并成为市场领导者的野心是激励员工的重要

⊖ *Frankfurter Allgemeine Zeitung*, July 2, 2020, p. 21.

驱动力。隐形冠军通过卓越的表现而不是破坏利润的低价来"赢得"它们的市场领导地位和市场份额。它们拥有"良好"的市场份额，利润率很高。大众市场典型的市场份额狂热通过不考虑利润的激进定价来获得"糟糕的"、低利润的市场份额，这与隐形冠军的做法大相径庭。只有通过卓越表现获得地位的市场领导者才会被其他市场参与者接受。

意志

一家企业宣称要成为佼佼者或市场领导者很容易。但实际上，实现这些目标很困难，需要意志力和竞争力。意志力是经济学家和商业专家回避的复杂现象。据我所知，标题中带有"意志"（Will）一词的管理图书只有两本，作者都是麦肯锡（McKinsey）联合创始人马文·鲍尔（Marvin Bower）。在詹姆斯·麦肯锡（James Mckinsey）英年早逝后，鲍尔按照自己的理念塑造了这家公司，并带领它在战略咨询领域取得了全球领先地位。他的第一本书《管理的意志》（*The Will to Manage*）于 1966 年出版，在 94 岁时，他出版了第二本书《麦肯锡本色》（*The Will to Lead*）[8,9]。这不禁让人们想起弗里德里希·尼采（Friedrich Nietzsche）的著名概念"权力意志"[⊖]。尽管意志是领导和管理的关键要素，但"意志"一词在管理文献中极为罕见。麦肯锡的企业文化最初由鲍尔建立，并持续反映着他的影响。塞涅卡（Seneca）的话浮现在我的脑海中："意志是无法学习的。"

⊖ "权力意志"不是弗里德里希·尼采的独立作品，而是他在《快乐的科学》和《查拉图斯特拉如是说》中提出的一个想法，并在他的所有后续图书中传递。

我认识数以百计的隐形冠军企业家，几乎所有人的共同特点都是拥有一种不可阻挡的意志，即想要在他们的市场上做到最好并成为市场领导者。一家隐形冠军企业的创始人阿尔伯特·布卢姆（Albert Blum）在他的自传中谈到了这样一种理念："无条件地为世界带来创新的意志。"[10]这个意志必须在很长一段时间内保持强烈。毕竟，实现这些雄心勃勃的目标是一场可能需要数十年的长跑。

竞争力

然而，要实现崇高的目标，光有意志是不够的。意志是必要条件，但不是充分条件，竞争力也同样重要。一个人不但要想去做一件事，更要有能力去做这件事。

我与数百位隐形冠军企业家的接触都支持了这样一种观点，即卓越业绩和市场领导地位的基础是一个长期的边做边学的过程，而不是天生的优势或天赋。典型的隐形冠军企业家并非天生就具备必要的技能。他们中只有极少数人在生涯早期就成为他们领域中的佼佼者，或者已经掌握了必要的技能。天赋固然有用，但卓越的能力通常是通过不断的实践来培养的。

马尔科姆·格拉德威尔（Malcom Gladwell）在他的畅销书《异类：不一样的成功启示录》（*Outliers: The Story of Success*）[11]中这样描述这一现象："如果你练习一种技能10 000小时，你就有很大的机会成为这方面的专家。"安德森（Anderson）、克兰佩（Krampe）和特施-罗梅尔（Tesch-Römer）在1993年的一篇文章中提出了"完美源于持续的实践"

的观点，他们将专业的表现解释为"个人为提高表现而长期努力的最终结果。在大多数专业领域，个体在童年时期就开始了一系列旨在优化改进的刻意练习。个体差异，即使是在精英群体之间，也与经过评估的刻意练习量密切相关。许多曾经被认为反映了天赋的特征，实际上是不少于十年的高强度练习的结果"。[12]

机会

除了上述方面以外，还有一个方面有利于实现成为佼佼者或市场领导者的野心。如第4章所述，市场数量众多，可能有数百万个。这些市场中的每一个，或者更广泛地说，每个细分市场，都给想成为其中佼佼者的企业提供了机会。在这些市场中的每一个细分市场中，每一个竞争参数都会增加企业成为某一领域佼佼者（领导者）的机会。在特定的市场中，你可以在产品质量、设计、价格、品牌或服务等方面做到最好。在一个或几个参数上表现卓越可以创造新的、独立的市场或细分市场，使企业能够在其中成为市场领导者。

新游戏：野心

这场战略的游戏在野心方面有什么新变化吗？成为一个市场中的佼佼者这一目标并没有发生根本性的变化，但它的重要性可能会增加。原因在于，一方面，越来越多的野心正在渗透市场，这些野心有的来自中国和其他亚洲竞争对手，也有的来自东欧和以色列。如果你把"自己的

野心 / 市场总野心"这一比率理解为成功概率的指标，那么很明显，如果想要成功的概率保持不变，分子必须随着分母的增加而增加。另一方面，增加市场细分可以缓解压力。

如果在未来需要以更快的速度争夺一流地位和市场领导地位（这似乎很有可能），那么实现野心的时间便会减少。新游戏需要更高的灵活性和更快的实施速度，这样才能在一定的范围内避免错误——在实践中学习是需要花费时间的。另一个变化将是需要在国际上招聘更多的人才，以确保所需的竞争力水平。

参考文献

1. Retrieved from https://www.ha-group.com/wer-wir-sind/geschichte/.
2. Retrieved from https://products.ewm-group.com/cs/unternehmen/ueber-uns.html.
3. N.A. (2020, September 1). Ich will überall Innovationen sehen. Interview with Herbert Schein, *Frankfurter Allgemeine Zeitung*, p. 22.
4. Seiser, M. (2020, January 20). Wir wollen deutscher Apple im Batteriebau werden," Das Unternehmergespräch, *Frankfurter Allgemeine Zeitung*, p. 21.
5. Retrieved from https://www.deepl.com/de/press.html.
6. Retrieved from https://www.wiwo.de/adv/telekom-digitalisierung/digitour/digitalisierung-im-mittelstand-gute-aussichten-fuer-hidden-champions-in-der-digitalen-welt/23658562.html.
7. Retrieved from https://de-de.sennheiser.com/ueber-sennheiser-auf-einen-blick.
8. Bower, M. (1966). *The will to manage: Corporate success through programmed management*. McGraw-Hill.
9. Bower, M. (1997). *The will to lead: Running a business with a network of leaders*. Harvard Business School Press.
10. Blum, A. (2020). *Von der Werkstatt im Backhaus zum Global Player–Meine Biografie*. Ausdruck-verleihen.de.
11. Gladwell, M. (2008). *Outliers—The story of success*. Little, Brown and Company.
12. Ericsson, K. A., Krampe, R. T., & Tesch-Römer, C. (1993). The role of deliberate practice in the acquisition of expert performance. *Psychological Review*, 363–406, here p. 363.

专注

专注是通向世界级企业的唯一途径。医疗实践软件领域的隐形冠军
Compugroup Medical 的创始人弗兰克·戈特哈特（Frank Gotthardt）提
出一条简洁的建议："专注于你最擅长的事情！"事实证明，这是一个好
主意，因为 Compugroup Medical 当前的市值达到了 44 亿欧元[⊖]。

大多数隐形冠军对市场的定义都很狭窄，并在发展过程中始终保持
专注。它们当中的许多企业没有遵循市场或细分市场的标准行业定义。
相反，它们将市场定义转化为它们独立确定的战略参数。这种以不同于
竞争对手或行业传统的方式定义市场和焦点本身就是一项创新 [1]。

一些隐形冠军是超小众玩家（Ultra-niche Players），这意味着它们
在很小的市场中运营，但在全球的市场份额为 70% ～ 100%。隐形冠军

⊖　数据截至 2021 年 1 月 27 日。

保尔和萨澳都是压缩机制造商，却是不同子市场的领导者。萨澳在全球军舰压缩机的市场份额为75%，而保尔在全球呼吸空气压缩机市场拥有同样高的市场份额。专注于如此狭窄的市场可能会限制公司的发展，但也会设置较高的市场壁垒。

因为专注，隐形冠军的命运取决于它们的核心市场，无论好坏。同时，它们的客户依赖于它们作为优质产品或服务的唯一提供者。虽然对专一市场的依赖增加了市场风险，但是隐形冠军资源的完全集中使其他公司难以竞争，从而降低了竞争风险。如何在两种风险中找到平衡取决于每家公司自身。隐形冠军一旦选择了一个市场，它们就会表现出对这个市场的坚定而长期的投入。市场的根本性再定义与科技突破一样罕见，每10～15年才会发生一次。

产品专注

曼弗雷德·博格丹（Manfred Bogdahn）承诺专注于一种产品："我们只做一件事，但我们会做得非常出色！"他的公司福莱希（Flexi）只生产可伸缩的遛狗绳，拥有了这一领域全球70%的市场份额。来自许多其他国家的竞争对手曾无数次尝试模仿福莱希的产品，但从未成功。专注于这个看似简单的产品是福莱希持续成功的原因。

世界第二大调味品集团福克斯集团（Fuchs Group）的首席执行官尼尔斯·迈尔–普里斯（Nils Meyer-Pries）持有类似的观点："只做你真正能好的事情，然后把它做到极致。专业化和专注于小市场的勇气支撑着我们的全球发展。"全球明胶市场领导者嘉利达的首席执行官弗朗茨·约瑟夫·科纳特（Franz Josef Konert）明确表示："我们的重点是动物蛋白的加工。"[⊖]嘉利达的产品面向许多不同行业的客户，但都基于同一种原材料，因此产品专注是有道理的。

综上，客户价值的核心是产品质量。不但在传统行业，这一点在专注于高科技领域的隐形冠军中也有所体现。作为电子连接领域的市场领导者之一，万可表示："我们将思想和行动集中在我们最擅长的方面，即建立正确的连接并确保它们的长期可靠性。"DeepL 的首席执行官雅罗斯瓦夫·库特洛夫斯基（Jaroslaw Kutylowski）在接受采访时被问到："专注于单一产品是成功的秘诀吗？"他的回答是："专注是一个有效的方向，也是公司的愿景。我认为这是初创公司与大公司竞争的唯一途径。"[⊖]

客户专注

主要服务于某一行业的客户的隐形冠军，自然非常重视客户专注。制药行业包装系统的全球市场领导者乌尔曼（Uhlmann）表示："我们一直只有一个客户，未来也将只有这一个客户——制药行业。我们只做一件事，但我们将这件事做到最好。"乌尔曼当然可以生产食品包装系统或电子设备，但是它的首要任务是通过完全专注于制药行业来捍卫其在这一领域的领先地位。

　⊖　Gelita Strategy 2020.

　⊖　https://www.gruenderszene.de/technologie/deepl-ceo-jaroslaw-kutylowski.

客户专注也体现在数字领域。隐形冠军内梅切克集团（Nemetschek）是主要面向建筑、工程和施工行业（AEC）的全球领先软件供应商，在142个国家拥有超过600万名用户。该公司的一份声明称："专注于一件事，然后成为世界上最好的那个。内梅切克是唯一一家只专注于AEC行业的全球供应商。"

专注和投资者

初创公司MOWEA是一家基于乐高原理的模块化风力涡轮机制造商。它的例子表明，专注可以在吸引投资者和筹集资金方面发挥重要作用："我们涡轮机的应用可能性非常多样化，但在吸引投资者方面，这并不一定是优势。投资者希望看到你找到了自己的利基市场并在其中取得成功。所以最好不要涉足五个不同的领域，而是选择一个并真正投身其中。"[2] 聪明的投资者会确保初创公司专注且不会迷失方向。稀缺的资金使专注显得更加重要。

多维专注

产品专注和客户专注并不总是可以分出明确的界限。远程屏幕共享的全球市场领导者TeamViewer将两者融合在一起："TeamViewer专注于基于云端的技术，为全球用户提供在线协作和远程支持服务。"

专注可以包括其他方面，例如技术、流程，甚至更广泛的功能。特斯拉格罗曼工程公司（Tesla Grohmann Engineering）就是一个例子。它曾经为微电子组装提供专门的系统。长期以来，英特尔是它最重要的客户。一段时间后，它开始为汽车行业的难题提供解决方案，例如组装车门密封件。当埃隆·马斯克在电池制造领域注意到它时，对它的能力印象深刻，于是买下了这家公司。近期，特斯拉格罗曼工程公司作为制造新冠疫苗生产设备的供应商受到关注。它的专注不在于特定的产品或客户群，而在于它看到了自己在解决工业生产难题方面的专长。2021年，埃隆·马斯克删去了格罗曼这个名字，将其更名为特斯拉自动化公司（Tesla Automation）。

Rhein-Nadel Automation（RNA）的起源可以追溯到17世纪的针头生产。如果RNA一直专注于这个产品，那么将会像该地区的其他七家针头制造商一样销声匿迹。相反，RNA经历了产品专注方向的根本转型，现在已经成为剃须刀片、滚珠除臭剂和洗发水盖等小零件进料系统的全球市场领导者。"几乎所有行业小零件的进料都由我们处理，我们从混乱的零件中创造秩序。一个家庭中一半的零件都要通过我们的系统。"RNA的首席执行官克里斯托弗·帕维尔（Christopher Pavel）说[3]。RNA生产的系统是独一无二的，原因在于其专注于工艺知识。

失去专注

一些成功的企业家难以保持专注。在一个市场上取得成功可能会导致他们高估自己的能力，并认为自己在其他市场上也有同样的能力。这种态度容易产生失去专注和方向的危险。无论企业家在他们熟悉的领域多么雄心勃勃、多么能干，他们都不太可能成为多个市场中的佼佼者。在两个不同科学领域（化学和物理）获得过诺贝尔奖的人只有一个——居里夫人[⊖]。"安分守己"（cobbler, stick to your last）这句格言让不少企业家难以接受。在一个市场上的成功诱使他们在其他领域向世界证明自己，但这几乎总是失败的。我见过几十个这样的案例，出于一些考虑，我将避免提及其名称。任何有志成为隐形冠军并且最重要的是保持隐形冠军地位的人，都应该专注于并保持专注于一个市场。

新游戏：专注

RNA 就是一个成功完成专注方向的根本转型的杰出范例，它从产品"针"转变到流程"小零件进料系统"。每家公司都必须不时地问自己是否需要重新调整专注方向。传统上，这种情况过去只发生在较长的时间间隔内，但全球化、数字化、生态系统进步和可持续性要求推动的快速变化意味着新游戏将更频繁地发生变化。业务系统复杂性的提高和突破式创新也可能需要企业改变专注方向。例如，随着电动汽车的发展，汽车传动系统制造商必须找到新的专注重点。正确定义市场和焦点是一项艰巨的任务。通过狭窄地界定自己的市场和专注方向，隐形冠军才成了市场领导者。

专注的重要性并没有降低，甚至可能变得更具决定性。成为世界级

⊖ 除了居里夫人之外，还有另外三位获得了两次诺贝尔奖的科学家：莱纳斯·卡尔·鲍林（Linus Carl Pauling）（诺贝尔化学奖，1954 年；诺贝尔和平奖，1962 年），约翰·巴丁（John Bardeen）(诺贝尔物理学奖，1956 年，1972 年)，和弗雷德里克·桑格（Frederick Sanger)(诺贝尔化学奖，1958 年，1980 年)。

的企业靠的是持续的专注，而不是自身资源的分散。过度专业化的风险可能比浪费个人才能和精力的风险更低。专才往往胜过通才 [4]。

参考文献

1. Abell, D. F. (1980). *Defining the business. The starting point of strategic planning.* Englewood Cliffes (NJ): Prentice Hall.
2. Kast, G. (2020, August). Windräder für alle. *Vivanty*, p. 63.
3. N.A. (2019, February 11). Die Hälfte der Teile im Haushalt läuft durch unsere Systeme. *Frankfurter Allgemeine Zeitung*, p. 25.
4. Lei, L., & Wu, X. (2020). Thinking like a specialist or a generalist? Evidence from hidden champions in China. *Asian Business Management, 21*, 25–57. https://doi.org/10.1057/s41291-020-00114-2

深度

深度触及了许多隐形冠军的核心。在管理中，深度通常与价值链或整合等术语有关。在价值链中，深度可以指向客户（下游）或供应商（上游），我们可以称之为前向整合或后向整合。人们还可以使用深度来描述知识、洞察力、分析或对问题的沉浸式参与。深度的空间概念在许多方面都适用于隐形冠军，在《时间与自由意志》（*Time and Freedom*）[1] 一书中，法国哲学家亨利·柏格森（Henri Bergson）解释说，我们将空间术语应用于抽象内容，是因为只有空间可以被我们所感知。

价值链深度

隐形冠军通常涵盖价值链的多个阶段，在其狭窄的市场范围内提供深度服务。隐形冠军的附加值深度为收入的 42%，显著高于行业平均水平。这一点在制造业更为明显，制造业隐形冠军的这一数据可以达到50%，而行业平均水平却不到30%。

一些隐形冠军是狂热的 DIY（自己动手）爱好者，其制造附加值深度占收入的比例高达 70% 甚至更高。旺众（Wanzl）是购物车和机场行李车的全球市场领导者，它表示："我们进行了非常深度的垂直整合，根据自定义的质量标准自行生产几乎所有的零部件。凭借我们自己的电镀设备，旺众的产品拥有极好的表面光洁度。"

垂直整合有时会一直延伸到原材料。全球铅笔市场领导者辉柏嘉在巴西经营着占地 100 平方公里的种植园，自己种植并生产制造铅笔所需的木材。当我问其首席执行官安东－沃尔夫冈·格拉夫·冯·法贝尔－卡斯特尔（Anton-Wolfgang Graf von Faber-Castell，已故）[2] 为什么不在市场上购买木材时，他回答："我父亲过去常常购买木材，当我接手时，我注意到我们每年采购的木材质量都不一样。因此，我决定自己种植并生产木材。"

高科技行业的隐形冠军也表现出类似的偏好。瓦尔塔的首席执行官赫伯特·施恩说："尽管总是有人建议我不要这样做，但我们一直将价值链的所有环节保留在公司内部。如今，我们自己设计和制造最重要的机器，正是这些机器让我们与众不同。我们自己负责模具、材料加工、生产和包装。"[3] 传感器技术隐形冠军倍加福的看法与施恩相似："我们对一切都亲力亲为，尤其是在研发方面。"专门从事艺术品运输的航运公司哈森坎普（Hasenkamp）表示："我们不会让任何环节脱离我们的掌控。全部的环节都由我们负责，这也是为什么我们在质量上优于那些将艺术品运输作为边缘业务并大量外包的大型航运公司。"许多隐形冠军对 DIY 的决心似乎并未减弱，它们中的大多数都非常不愿意将与核心竞争力相关的活动外包给第三方供应商。

非核心竞争力

亲力亲为的态度主要针对与核心竞争力相关的活动。相比之下，隐形冠军更愿意将与非核心竞争力相关的活动外包出去。它们首要考虑的是提供产品功能上的最佳性能，包括质量、用户友好性或创新程度等方面，因为这对客户很重要。它们认为这是创造和保持竞争优势的唯一途径。另外，它们认为非核心竞争力对客户不太重要，专业的外部服务提供商通常可以更好地完成这些任务，尤其是在法律或税务咨询、设计或广告等领域。如果外包可以更好地完成工作，那么将任务分配出去是有意义的。

独特性

深度的诸多方面中，表现最突出的是全面质量控制。相较于由不同供应商提供零件的公司，一家控制了价值链所有重要环节的公司更有可能表现完美。毕竟，竞争对手也可以在公开市场上购买相同的材料，除非供应商同意排他性条款，就像第 16 章所述的阿斯麦 – 通快集团 – 蔡司 SMT 的商业生态系统所做的那样。

深度价值链是隐形冠军产品独特性和优越性的基础，而这两点只能在内部创造。

专有技术保护

　　垂直整合的一个优势是有效地防止专有技术泄露、被模仿者抄袭和产业间谍活动。隐形冠军在研发方面往往非常保密。对一些隐形冠军来说，深度意味着它们要么自己开发和建造机器来制造它们的产品，要么根据它们的特定目的修改标准化的机器。PWM是加油站电子价格显示器的全球领导者，其首席执行官马克斯－费迪南德·克拉温克尔说："如果没有人拥有相同的机器，那么就没有人可以模仿我们的产品和质量。"[4] 全球专业相机三脚架市场领导者萨拿（Sachtler）的董事会成员于尔根·努斯鲍姆（Jürgen Nussbaum）表达了类似的观点："在一些国家，竞争对手试图模仿我们的产品，但由于没有相同的工具而失败。我们自己制造的机器在市面上是买不到的。"

深度与增长

　　深化价值链方面的投入为许多隐形冠军的成长做出了重大贡献。其中，收购上游和下游供应商发挥了重要作用。克朗斯现在是全球饮料灌装线市场的领导者，它的发展是从价值链的一小部分——贴标机开始的。如今，克朗斯可以提供完整的灌装线。福斯罗（Vossloh）是铁路紧固扣件和道岔的全球市场领导者，其通过内部开发和外部收购，成为铁路运营商的集成系统供应商。它不但为客户提供钢轨，还为客户提供校准、铣削和高速磨削等维护服务。维特根集团（Wirtgen）的故事与之类似，它以路面铣刨机起家，至今仍是该领域的全球市场领导者。多年来，它先后收购了福格勒（Vögele，道路摊铺机）、悍马（Hamm，蒸汽压路机）、边宁荷夫（Benninghoven，沥青搅拌机）和克磊镘（Kleemann，破碎机）。现在，维特根集团作为约翰迪尔（John Deere）的一部分，其业务可以覆盖道路维护和建造的整个价值链。

深度的负担

深度也有缺点，包括较高的资本密集度、价值链上个体能力利用不均衡导致的风险以及技术原因。一个例子是风能技术的市场领导者之一——爱纳康，该公司始终强调其极高的垂直整合度，它甚至拥有自己的铁路和船舶。然而，随着风能危机的到来，其复杂的价值链变成了劣势，因为，更深层次的价值链往往意味着更高的固定成本。另一个例子是奢侈品制造商，它们通过开设自己的门店来渗透零售市场，从而获取贸易利润。然而，在危机时期，门店的客流量就会枯竭，固定成本变成了负担。我认为，企业现在会更加谨慎地进行这种类型的垂直整合。

新竞争力

数字化和创新给隐形冠军带来了巨大的挑战。如果公司不具备必要的能力或不能快速发展这些能力，那么一切亲力亲为的传统偏好可能是危险的。

"封闭自己从来都不是一个解决方案。"假肢和矫形器全球市场的领导者奥托博克的首席执行官汉斯－格奥尔格·奈德这么说。在这个情况下，许多隐形冠军做出了正确的决定，在商业生态系统的框架内对初创公司和专家开放并与其合作。第 17 章中描述的伯曼数字生态系统就是一个例子。

隐形冠军伍尔特（Würth）的销售额略低于 10 亿欧元，拥有约 8 000 名员工，它通过与 7 家软件初创公司合作实践了类似的模式，即伍尔特持有少数股权，充当初创公司创始人的导师。总体而言，情况依然喜忧参半。原则上，大公司更愿意与大学和研究机构等"中立"组织合作，而不是与私营初创公司合作，因为后者最终可能成为潜在的竞争对手。一项研究证实："我们发现隐形冠军会更频繁地与外部伙伴合作。最大的不同在于它们会与大学和研究机构展开合作，但在开发新产品时，隐形冠军更多依靠自己的能力，而较少参与联合开发。"[5]

技术与深度

技术突破既可能带来机遇，也可能带来威胁。在克朗斯和维特根的案例中，价值链的深化停留在两家公司的机械工程能力范围内。全球户外建筑照明市场领导者——隐形冠军 BEGA 则采取了不同的路线。BEGA 过去只生产灯具的机械部件，并从欧司朗（Osram）、飞利浦（Philips）或通用电气等大型供应商处购买电子元件和光源。当 LED 技术打破了整个照明行业的传统价值链时，BEGA 抓住了机会成为一家具有更深层次、更复杂价值链的集成灯具制造商。它开始自主研发 LED 模组，并用半导体行业典型的制造厂来补充机械加工和装配，以高度自动化的机器来制造 LED 模组，同时具有电子制造商的全新工艺。

LED 技术不仅正在改变制造业，而且为产品设计和可持续性创造了全新的可能性，这种转型需要在人力和物力方面进行大量投资。这就是为什么每一个面临如此巨变的公司都必须仔细思考，自己能否在公司内部快速地培养和发展必要的竞争力，如果不能，企业应避免深化其价值链，优先考虑外包。当电力驱动取代内燃机时，类似的价值链转型变得十分必要。全球链锯市场领导者斯蒂尔更进一步，开始了自己的电池生产。凭借其深度价值链，斯蒂尔为园艺和景观美化提供了一系列的电池驱动工具。

新游戏：深度

深度价值链对隐形冠军来说是一把双刃剑。传统上，它们认为深度垂直整合是独特性和竞争优势的最重要来源。相关的保密措施，尤其是在研发方面，保护了它们的专有技术。但新技术的进步，尤其是数字化，迫使它们判断自己能否利用现有资源快速发展所需的能力。知识越复杂，越偏离已有的能力，对于这个问题的答案就越有可能是否定的。在这一点上，遵循新的规则可能是明智的，即开拓和寻找新的价值创造模式。这通常涉及更大规模的外包、与外部专家合作，以及利用云服务。敏捷性在这场高速游戏中发挥着重要作用。对隐形冠军来说，放弃一些自主权并不容易，但在新的游戏规则下，强烈建议隐形冠军朝着具有更高开放性的方向转变。

参考文献

1. Bergson, H. (1910). *Time and free will*. London/New York: S. Sonnenschein & co., ltd., The Macmillan co.

2. Simon, H. (2013, February 27). Laudatory speech for Anton Wolfgang Graf Faber-Castell at the occasion of the G·E·M Award 2013 of Gesellschaft zur Erforschung des Markenwesens, Berlin, Graf Faber-Castell died in 2017.

3. N.A. (2020, September 1). Ich will überall Innovationen sehen. Interview with Herbert Schein, *Frankfurter Allgemeine Zeitung*, p. 22.

4. Freitag, L., & Schmidt, K. (2019, February 1). Einsame Spitze. *Wirtschaftswoche*, p. 22.

5. Rammer, C., & Spielkamp, A. (2019). The distinct features of hidden champions in Germany: A dynamic capabilities view. *ZEW Discussion Papers, No. 19-012*, ZEW-Leibniz-Zentrum für Europäische Wirtschaftsforschung, Mannheim, Germany.

客户

　　贴近客户是隐形冠军战略的核心要素。隐形冠军的产品通常很复杂，需要密集的客户互动。超过 3/4 的隐形冠军采取了直销的方式，这是满足上述需求的最佳途径。

　　贴近客户是隐形冠军的第二天性，因为隐形冠军企业的规模较小，分工不那么明确。必要时，它们可以从生产或研发部门抽调员工到客户服务部门。与大公司相比，隐形冠军定期与客户联系的员工占比大约高出 5 倍。

　　此外，许多隐形冠军青睐于去中心化结构。与大公司相比，隐形冠军的国外子公司拥有更大的自主权。高层管理人员高度重视定期、直接的客户联系。这有积极的作用，因为管理层可以获得更多、更好的关于客户问题的信息，员工也会更有动力。

作为全球洗衣系统市场领导者的创始人，马丁·卡内吉塞尔（Martin Kannegiesser）出席了纺织专业处理品牌展会（Texcare trade fair），因为"在公司展台前漫步的美国人和法国人希望见到老板"[1]。一位隐形冠军的首席执行官告诉我："我认识并访问过我们在世界上的每一个客户。通过这些访问建立的直接关系非常宝贵。"牙科实验室光固化复合材料的全球市场领导者 Dent-A-Pharm 的创始人沃尔夫冈·维尔曼（Wolfgang Willmann）博士和约阿希姆·佩因（Joachim Pein）博士强调："我们认为客户能够与我们见面是很重要的。这就是为什么我们出现在迪拜、圣保罗和新加坡的所有大型贸易展览会上。"

我曾经在美国中西部的一家报纸上读到当地一家汽车厂的涂装车间遇到的麻烦，一些工人使用的发胶含有金属颗粒，这些金属颗粒容易附着在油漆上。我把这篇文章剪下来寄给了汽车涂装系统全球市场领导者杜尔公司（Dürr AG）当时的首席执行官赖因哈德·施密特（Reinhard Schmidt）。他回答说："我知道这个问题，因为我去过这家工厂。目前的涂装车间是由一个无法处理金属颗粒问题的竞争对手经营的，但我们有解决方案。相信我们的解决方案会很快通过审批并投入应用（中标／竞标成功）。"这堪称最高管理层贴近客户的典范。德国斯图加特一家市值数十亿美元的公司的首席执行官，不仅确切地知道客户在美国某处的涂装车间出现了什么问题，而且亲自去过那里并找到了解决方案——尽管目前的车间由竞争对手经营。

一篇关于中型企业客户亲密度的文章写道："在中型企业中，树立品牌和建立信任始终是老板的工作。"[2]这些见解和建议是常识，但它们在实践中的实施绝非易事。客户关系和与客户的亲密度体现了中型和

　　　　　　　　　　　　　　　　第23章　客户

大型公司之间的最大差异，以及强公司和弱公司之间的最大差异。凭借易于管理的规模和灵活性，隐形冠军可以以互利互惠的方式塑造客户关系。在与客户的亲密度方面，它们是很好的榜样。

最佳性能

隐形冠军提供具有最佳性能的产品，并始终根据客户的需求调整它们的产品。它们始终注意满足客户所有关于产品质量和服务的期望。它们的产品具备高技术成熟度和可靠性。

管道检测系统的全球市场领导者罗恩集团（Rosen Group）表示："我们通过预测未来的市场需求，提供了远远超出当前客户需求的产品和服务。"世界领先陶瓷球轴承制造商 Cerobear 也有类似的主张："我们超出了客户的预期，在各个方面都提供一流的质量。"[3] 全球可伸缩遛狗绳的市场领导者福莱希在质量方面也毫不松懈，其产品必须通过100多项质量测试。

服务

对隐形冠军来说，服务变得越来越重要。客户越来越期望全面的一揽子服务、培训、全球业务和关系网络搭建。隧道掘进机的全球市场领导者海瑞克表示："凭借已完成数千个项目的经验，从最初的项目构想到拆除和整修，我们是全球唯一一家在整个项目期间为客户提供优质服务的供应商。"气动领域的全球市场领导者费斯托成立了一家独立的培训公司费斯托教学与培训（Festo Didactic SE），这家培训公司目前是世界领先的技术教育提供商。

一些隐形冠军公司已经从工业公司转型为服务公司。许多公司，尤其是年轻的公司，利用网络经济并通过服务全球市场以增加收益。全球运营的客户越来越期待这种类型的综合服务。对一家中型公司来说，建立全球服务网络是组织和财务上的巨大挑战。

系统集成

系统集成是服务领域的一个突出趋势。系统解决方案增加了客户的收益并提高了进入壁垒。"我们客户期望的系统能力是强大、简单、独特、可靠的。"来自瑞士隐形冠军贺尔碧格（Hoerbiger）的约亨·沙伊布勒（Jochen Schaible）博士总结道。市场领导者似乎注定要成为系统集成商。然而，向系统产品的过渡增加了组织的复杂性，并可能危及隐形冠军的专注性。

品牌

在狭窄的市场中，隐形冠军拥有强大的品牌。它们中的许多企业已经成功地建立了全球品牌，而剩下的仍在为此努力。为了确保高市场份额或覆盖多个价格细分市场，一些隐形冠军采用多品牌战略。成分品牌

第23章　客户

建设的重要性越来越高，因为许多隐形冠军是供应商，其价值并没有直接显现在最终的产品上 [4]。

价格

通常，隐形冠军不参与价格竞争。由于它们提供具有最佳性能的产品，它们的价格通常比市场平均水平高 10% ~ 15%。然而，来自新兴市场的竞争者，在性能方面正在迎头赶上，并对现有的价格差异构成威胁。此外，超低价细分市场——隐形冠军历来不提供服务——正在欠发达国家兴起。为该细分市场的客户提供服务需要在产品、研发、生产和营销方面采取完全不同的策略。隐形冠军往往在超低价领域处于挣扎状态 [4]。9 家德国供应商向印度低成本汽车塔塔汽车（Tata Nano）提供产品，但它们面向低价市场的期望最终没有如愿。尝试使用第二品牌或收购低价品牌也产生了喜忧参半的结果。尽管如此，完全忽视超低价细分市场仍然存在风险 [5]。

专注于顶级客户

要成为市场领导者或保持这一地位，公司应该赢得、永久满足并留住顶级客户。因此，许多隐形冠军将精力集中在顶级客户身上。这样做有几个优势：顶级客户产生的销售额通常远高于平均水平，从而降低了交易成本。顶级客户也是业绩的推动者，因为它们要求供应商提供卓越的品质。同样重要的是，服务顶级客户可以提升公司的声誉。市场领导者通常都是顶级客户的供应商。

格罗曼公司（后成为隐形冠军特斯拉自动化公司）的创始人克劳斯·格罗曼（Klaus Grohmann）向我指出了一点。他说，顶级客户提出的要求几乎不可能得到满足。它们会不断施压，且永远不会真正满足。但通过这种方式，它们不断地推动它们的供应商实现更高的绩效。格罗曼公司一直致力于成为其目标行业中全球顶级客户的供应商，无论它们身在何处。他说，长期的供应关系可以证明你满足了世界上最苛刻的客户，这会使你更容易进入其他市场。格罗曼公司过去专注于电子行业，为那里几乎所有的领先公司提供服务。它是少数几家多次获得英特尔持续质量改进奖的欧洲公司之一。最终，以高期望值闻名的埃隆·马斯克知道了格罗曼公司，并对其印象非常深刻，于是收购了这家公司。

推动绩效改进的外来驱动力并非来自易于应对的客户。它来自那些不满的客户，它们从不真正满足，并总是要求更好的表现。顶级客户是特别重要的创新合作伙伴。一位隐形冠军首席执行官这样描述这些客户："我们不喜欢它们，但我们知道它们不断推动我们实现更高的绩效，这就是我们将市场领导地位归功于它们的原因。"有意识地把客户当作绩效驱动因素是一种非常有效的策略。诚然，为要求不高的客户提供服务更容易，但这条道路不会推动公司走向世界级的高度。

少数的顶级客户通常产出多数的销售额。这是有风险的，因为哪怕失去一个客户也会留下难以填补的空白，但这种风险通常不是单方面的。即使是顶级客户也很难找到高性能供应商的替代品。在客户稀少的市场中，隐形冠军的强大市场地位创造了相互依存的关系，从而提高了长期忠诚度。双方都知道，未来它们将继续相互依赖。这可以称作共生关系，也可以称作商业生态系统。

客户是创新的源泉

客户可以成为非常有价值的创新创意来源。我想起了麻省理工学院的教授埃里克·冯·希佩尔（Eric von Hippel）的演讲和他的口头禅："仔细倾听客户的需求，然后用满足或超出它们需求的新产品作为回应。"[6,7] 对许多隐形冠军来说，与客户的共同开发极为重要。在设备工程或工业部件等领域，几乎每个新项目都涉及联合开发活动。源于长期密切关系的高度信任对于这种密切合作是必不可少的。这不仅有利于供应商，而且有利于客户，因为其最终产品的质量提高了，开发时间缩短了。超纯硅晶圆的全球市场领导者世创（Siltronic）表示："在新产品的开发中，我们从一开始就与客户密切互动。这种紧密合作一直持续到晶圆的批量生产。"瑞士隐形冠军戴米特（Diametal）邀请其客户在开发的最早阶段参与测试。戴米特是用于制造手表齿轮传动装置的高精度切削工具的技术领导者。客户的早期参与使戴米特能够为手表的构造、设计或生产过程提出创新的解决方案。在这些情况下，戴米特甚至承担了保障生命周期和工具寿命的工艺责任。奇华顿（Givaudan）是全球香氛市场的领导者，其愿景是："通过与客户在产品的开发、创造和改进过程中进行协作对话，成为客户在开发可持续香氛创作方面的重要合作伙伴。"⊖

⊖ Givaudan.com, Vision, May 18, 2012.

奥地利隐形冠军 Pöttinger 是全球第一大干草车制造商，拥有 60%的市场份额，其表示："我们全面致力于贴近客户，让客户参与开发。"许多 Pöttinger 员工自己拥有农场，因此从某种意义上说，客户一直在场[8]。为机械工程开发模块或整个组件的德国机电一体化公司（Deutsche Mechatronics）向其客户承诺："我们会尽快将您的想法转化为原型并量产。"一个关键因素是开发和生产的一体化，这需要供应商和客户之间极其密切的合作。

肖特公司以其品牌赛兰（Ceran）成为陶瓷加热板的全球市场领导者。赛兰有数千种型号可供选择。肖特研发团队持续致力于与家用电器、烹饪锅和清洁剂制造商以及设计师合作进行改进。赛兰的历史是一条完整的创新链，每个参与者都为之做出了贡献。

没有老板就没有"不"

许多隐形冠军使用专门针对贴近客户和客户满意度的规则和原则。全球运动塑料市场领导者易格斯有一条"没有老板就没有'不'"的规则。该规则禁止员工未经主管批准对客户说"不"。一个典型的场景说明了它的应用：一位客户打电话订购商品，要求在极短的时间内交货，而现有的生产计划无法满足。接受订单的员工的正常反应是告诉客户该产品不能那么快供货：对所要求的交货时间说"不"。但在易格斯，员工不被允许做出如此消极的回应。相反，他们必须咨询主管。只有当主管确认可以说"不"时，员工才可以告诉客户"不"。

根据管理合伙人弗兰克·布拉泽的说法，在员工本来会拒绝的客户请求中，80% 最终都能通过上级得到满足。我认为，这条规则本身就会让员工更愿意自己解决问题，而不是一开始就咨询他们的上级。这是实现真正的客户导向的方法。

定制金属制品专家阿诺德集团（Arnold AG）的座右铭是"衡量一切的标准不是产品，而是客户"。阿诺德制造设计部件、金属雕塑、建筑项目和由金属制成的壮观建筑，这些设计应用于高层建筑、机场和交易会。每个项目都是独一无二的。这就是其坚定的客户导向的由来。

烘焙原料的全球市场领导者之一爱焙士（IREKS）的管理合伙人斯特凡·索因（Stefan Soiné）要求他的员工"将全部精力集中在维护我们的客户关系上，并使这项工作达到客户满意的程度"。当然，重要的不是相应的座右铭是否好听（很多公司在这一点上都做得不错），而是员工能否在日常生活中真正做到贴近客户。

员工 - 客户

为了尽可能贴近客户，一些隐形冠军更愿意雇用客户所在行业的员工。可以这么说，客户变成了员工。莱欣诺是商用厨房设备的全球市场领导者，其 2 200 名员工中有 500 名是经过培训的厨师，他们确保客户需求得到准确的理解和满足。温特豪德（Winterhalter）是商用洗碗机的全球市场领导者，其销售人员拥有餐厅和酒店行业的丰富经验。这些销售人员非常熟悉客户的问题，并能提供满足客户需求的解决方案。在爱焙士，来自 30 个国家的 500 名销售代表（总共 2 900 名员工）拥有面包师或糖果师的背景，因此他们对客户有着很高的亲和力。

内部客户

一些隐形冠军拥有内部客户，即它们将客户关系内包。其中一个例子是茶包包装机全球市场领导者蒂派克（Teepack），它的全球市场份额超过50%。蒂派克是恬康乐（Teekane）茶叶公司的衍生公司。恬康乐成了蒂派克的重要客户，内部经验有效地促进了持续改进。

全球专业基础工程设备市场领导者隐形冠军保尔的情况与此类似。保尔的一个部门还提供使用这些机器进行的施工服务。该公司的主页称："保尔从其业务部门的连锁中受益匪浅，并将自己定位为'为复杂的基础工程作业提供创新和高度专业化的产品和服务的供应商'。"

客户与数字化

正如第17章中的众多案例所示，与客户的互动是数字化的"主战场"。它影响着所有与客户相关的增值活动，例如业务启动、销售、报价协调和提交、项目实施、交易、服务、培训和沟通。

数字化使公司能够更精确地满足当前和潜在客户的需求，精确到客户需求的微细分领域。数字化也适用于个性化内容的传输。然而，由于隐形冠军偏爱直销，自动化通信在其市场中的重要性不如在消费市场中那么重要 [9]。对典型的隐形冠军来说，针对特定案例的数字和个人通信相结合的混合模式更有可能被证明是最佳的。

产品的高度复杂性是不能最大限度地使用数字通信的一个原因，如下例所示。一家公司想为中型公司开发新软件并在网上独家销售。它创建了一个非常简单的界面，带有一个菜单，允许客户配置他们自己的解决方案。然而，事实证明，该产品对纯在线销售来说还是过于复杂了，它需要个性化的销售团队。此外，还需要寻找当地合作伙伴来帮助迁移到新系统。这些接受障碍使最初的期望变得不切实际，因为一切都比计划的成本更高，耗时更长。

另外，新冠疫情危机表明，公司可以出色地执行一些以前认为不可能数字化的活动。一家化工行业隐形冠军的首席执行官告诉我，这场疫情几乎没有影响到他的公司，尽管销售人员和技术人员都无法出差，所有员工都居家工作。"与我们的担心相反，销售和与客户的技术协调工作很顺利，"首席执行官说，"这并不意味着我们未来将不再进行个人客户访问和联系，但我们肯定会减少出差，更多地与客户进行数字化交流。但是，我们正在密切关注客户留存率。我们不确定数字化在这方面将对我们产生怎样的影响"。

客户忠诚度无疑是很重要的一点。与面对面遇到的业务合作伙伴相比，数字联系人的忠诚度更可能降低。长期的客户留存是隐形冠军取得成功的基础。

新游戏：客户

与客户保持密切关系是隐形冠军的最大优势，并将持续占据非常重要的地位。这一点不会发生根本性的转变。尽管客户的数量不断增加，规模不断扩大，但隐形冠军应该确保它们与客户的密切关系不会受到影响，并且不会陷入大型组织中非常典型的"客户距离陷阱"。

许多隐形冠军的首席执行官都意识到了这种危机，并正在努力应对。由于系统集成度的提高，客户关系变得越来越复杂，这对与客户有联系的员工提出了更高的要求。权力下放可能是解决方案之一，包括使某些职能（例如培训或服务）在组织内独立。客户关系的最大转变来自数字化，许多与客户相关的活动都可以数字化，关键是找到数字通信和面对面交流的最佳组合。隐形冠军不应将自己局限于数字客户联系，由于其服务产品的复杂性，它们需要混合式的通信系统。

参考文献

1. Ankenbrand, H. (2012, May 20). Der Versöhner. *Frankfurter Allgemeine Sonntagszeitung*, p. 42.
2. Mühlberger, A. (2012, March). Erfolgsmotor Mittelstand. *Sales Business*, pp. 8–11.
3. Retrieved November 2, 2020, from https://www.yumpu.com/de/document/read/21893148/managementhandbuch-cerobear-gmbh. p. 8.
4. Govindarajan, G., & Winter, A. (July/August 2016). Engineering Reverse Innovation. *Harvard Business Review*.
5. Simon, H., & Fassnacht, M. (2019). *Price Management*. New York: Springer Nature.
6. von Hippel, E. (1994). *Free innovation*. Cambridge (Mass.): MIT Press.
7. von Hippel, E. (1994). *The sources of innovation*. Oxford/New York: Oxford University Press.
8. Wiedersich, R. (2010). Österreichs unbekannte Weltmarktführer. *Gewinn*, pp. 70–74.
9. Kopka, U., Little, E., Moulton, J., Schmutzler, R., & Simon, P. (2020). What got us here won't get us there: A new model for the consumer goods industry. Retrieved from https://www.mckinsey.com/~/media/McKinsey/Industries/Consumer%20Packaged%20Goods/Our%20Insights/What%20got%20us%20here%20wont%20get%20us%20there%20A%20new%20model%20for%20the%20consumer%20goods%20industry/What-got-us-here-wont-get-us-there-A-new-model-for-the-consumer-goods-industry-F.pdf.

竞争

竞争发生在"公司 – 客户 – 竞争对手"这个战略三角中。在这个三角关系中，公司应该为客户提供优于竞争对手的产品或服务。换句话说，公司应该至少创造一个竞争优势。竞争优势必须满足 3 个标准[一]：

（1）必须对客户很重要。

（2）必须被客户感知。

（3）必须可持续且难以模仿。

这意味着竞争优势最终取决于客户的看法，而非零售商或供应商的内部观点。如果产品的包装对客户来说并不重要，那么公司就无法在

[一] 有关竞争优势的概念，参考：Barney, J. B. & Hesterly, W. S. (2014). *Strategic Management and Competitive Advantage*, Harlow: Pearson Education. Backhaus and Voeth speak of "komparativen Konkurrenzvorteil" (comparative competition advantage), cf. Backhaus, K. & Voeth, M. (2014). *Industriegütermarketing*, Munich: Vahlen。

包装上建立竞争优势；如果客户认为延长产品使用寿命没有价值，那么使用寿命长这个特点就不会影响客户的购买决策，也就不是一个竞争优势。通过牺牲利润率来降低价格的公司将无法长期保持较低的价格，即价格优势也是不可持续的[⊖]。同时满足"重要""被感知""可持续"这 3 个标准是一项重大挑战，即便对隐形冠军来说也是如此。

竞争目标

隐形冠军通常会明确地以竞争为中心设定目标。管道检测系统的全球领导者罗恩集团表示："我们的目标是成为世界上最具竞争力的供应商。"罗恩集团实际上是通过将前全球市场领导者通用电气淘汰出局来实现这一目标的，由于管道检测系统需要极高的技术水准，所以这是一项了不起的成就。

希马（Hima）是功能安全自动化解决方案的全球市场领导者，它也对自己在竞争中的地位充满信心："我们的产品质量、员工专业度、服务以及在客户中享有的声誉是任何其他竞争对手都无法比拟的。"贺尔碧格，专业驱动和压缩机技术的市场领导者，强调其更具灵活性："我们的愿景是成为一个学习型、创新型和全球性的集团，能够准确预测市场和客户的需求。这就是为什么我们能够比其他公司更快拿出问题的解决方案。"

⊖　对此以及战略竞争优势管理的进一步原则，参考：Simon, H. (2008). *Strategy for Competition*, New Delhi: B. Jain Publishers。

有些隐形冠军的言论听起来颇具挑衅性。一家来自传感器领域的隐形冠军表示："我们不会主动与竞争对手比较，相反，是竞争对手一直在关注着我们。"另一家隐形冠军也表达了类似的想法："竞争不是我们的标准，我们制定自己的标准。"一家制造复杂机械的隐形冠军的座右铭是："我们的利润应该永远大于我们最强大的竞争对手的收入。"弗劳恩霍夫（Fraunhofer）前总裁汉斯·于尔根·瓦内克（Hans-Jürgen Warnecke）认同这种观念："一旦你陷入了向竞争对手而不是自己公司寻求问题解决方案的恶性循环，你将永远处于第二。"[1]与其不断关注竞争，不如关注客户。

市场结构的动态变化

一般来说，隐形冠军处于寡头垄断市场。大多数隐形冠军在全球拥有不到 20 个相关竞争对手，甚至更少。蒂派克是茶包包装机的全球市场领导者，意大利隐形冠军 I.M.A 是其在相关领域的唯一竞争对手。

竞争对手数量少的一个原因是，竞争对手有时会退出市场。在几家竞争对手离开汽车涂装系统市场后，全球市场领导者杜尔表明自己"在汽车行业的高品质涂装系统领域几乎没有竞争对手"[2]。竞争对手数量少的另一个原因是收购，很多公司由于市场规模较小所以不得不被兼并。

此外也存在一种相反的趋势——新竞争者，特别是来自中国的竞争者进入市场，会增加竞争公司的数量。隧道掘进机市场就是一个很好的例子。德国隐形冠军海瑞克目前拥有全球 70% 的市场份额，但来自中国的新竞争者出现了，中国有18家公司每年生产约1000台隧道掘进机[3]。仅中国隧道掘进机市场就占全球市场的60%，并且中国机器不但在中国市场和新兴国家得到使用，在欧洲，例如巴黎地铁也得到了使用[4]。

虽然这18家中国制造商并非都能存活下来，但其整合过程可能会给海瑞克带来威胁。类似的情况也发生在混凝土泵市场，当时中国的建筑热潮催生了新的竞争对手，在兼并过程的尾声，中国工程机械制造商三一重工收购了这一领域的前全球市场领导者德国普茨迈斯特，而曾经的全球第二名德国施维英（Schwing），如今则为中国工程机械集团徐工集团所有。来自中国的大规模竞争对德国隐形冠军构成了严重威胁。对一家公司来说，在这场新游戏中应对危险的最有效策略是遵循"德国公司需要成为中国公司"的座右铭，迅速发展自己在中国的业务。

竞争的强度

在传统的隐形冠军市场中，竞争者数量少并不意味着竞争不激烈。事实恰恰相反，隐形冠军之间存在着激烈竞争。纸袋机的全球市场领导者 Windmöller & Hölscher 表示："竞争对手的数量很少，但市场份额的争夺很激烈。"一些利基市场也存在激烈的竞争。船舶压缩机隐形冠军萨澳的常务董事哈拉尔德·舒尔茨（Harald Schulz）回忆说："当我们的业务刚开始时，西方国家有5个竞争对手，而现在只有3个。我们一直在稳步从竞争对手手中夺取市场份额。"[5] 萨澳在船舶压缩机领域的全球市场份额超过50%。竞争有两种类型，在传统的隐形冠军群体中，竞争主要集中在产品质量、创新性、可靠性或服务等方面。价格很少被当作竞争优势，而且实际上往往是竞争劣势。但是，当新的竞争者进入市场时，情况就不同了。在缺乏产品优势或具有同等产品优势的情况下，新竞争者将价格作为主要竞争优势，尤其是在新兴市场，这与价格敏感型客户产生了共鸣。

软实力

隐形冠军通常在产品质量、精度或耐用性等硬实力参数上占据领先地位，但现在也越来越难与新竞争对手拉开差距了。与此同时，柔性或无形的软实力竞争参数的重要性也在增加。图 24-1 展示了 3 个软实力竞争参数重要性的发展，分别是专业建议、系统集成和易用性。

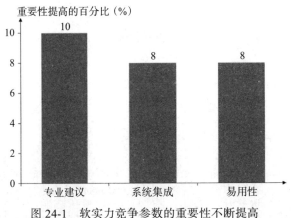

图 24-1 软实力竞争参数的重要性不断提高

"附加产品"的概念来自西奥多·莱维特 [6]。将服务范围扩展到核心产品之外这一点在竞争中发挥着越来越重要的作用，这包括专有技术转让、数字服务、软件、信息和培训，系统集成正朝着相同的方向发展。在可持续性方面，超过最低标准为创造新的竞争优势提供了机会。竞争优势正在向附加产品转移，这一事实并不意味着核心产品属性（例如质量或寿命）变得不那么重要，它们对客户来说仍然是必要条件。然而，软实力竞争参数为差异化提供了新的机会，与嵌入在产品中并且可以重新设计的硬实力特征相比，它们通常更难被模仿。软实力竞争优势同时也更加持久，因为它们主要来自员工的资历和积极性，与复制产品所需的时间相比，竞争对手需要花更多的时间来弥补员工专业技能的不足。在专业建议、系统集成、易用性和可持续性方面的新的软实力竞争优势可以提高进入壁垒。

价格作为竞争劣势

隐形冠军通常有一个竞争劣势：价格。它们追求优质优价策略，并不在价格上竞争。然而，还是有一些隐形冠军偏离了这一策略。例如，运动塑料的领先供应商易格斯提供了价位选择："低价格或高性能"[7]如果高性能相关的竞争优势可以抵消高价格的劣势，那么更高的价格是可以被消费者接受的。性价比可以用来衡量两者之间的平衡。隐形冠军的处境正变得更加艰难，主要表现在两个方面：性能优势越来越难保持；成本也在不断上升。因此，隐形冠军必须在性能、成本以及生产力方面不断努力。它们的目标不是将成本和价格转化为战略竞争优势，而是防止自己因为价格不占优势而被逐出市场。

　　　　　　　　　　　　　第24章　竞争

新的定价模式

隐形冠军是新的业务和定价模式的先驱。多年来，汽车涂装系统的全球市场领导者杜尔一直以固定的价格为汽车制造商提供汽车涂装服务；工业水处理专家 EnviroFalk 则免费提供设备，客户按每立方米净化水付费；商用洗碗系统的全球领导者温特豪德提供"一洗一付"方案。"无投资，无风险，无固定成本，完全灵活，全套服务。"其公司主页上写道[8]。通快集团与全球领先的再保险公司慕尼黑再保险公司（Munich Re）成立了一家合资企业，为激光机提供资金。客户不再购买机器，相反，它们以"按零件付费"的模式为每个零件支付预定的价格。这类似米其林卡车轮胎的"按使用付费"模式，即客户按行驶里程付费。

对客户来说，这些模式建立了可靠的计算基础，并降低了资本要求。对供应商来说，这样的定价模式保证了未来一段时间内稳定的现金流，实现了设备和消耗品之间的最优平衡。此外，它们还可以创造竞争优势，因为只有拥有雄厚资本基础的公司或合作伙伴才能创造这样的优势。

二级品牌和 LEA

应对激烈的价格竞争的方法之一，是引入第二品牌或所谓的更便宜的替代品（Less Expensive Alternative，LEA），但效果通常喜忧参半。一家优质的静音正时链条供应商以新品牌名称推出了一种更便宜的产品，与原本产品的差异主要不在于产品质量，而在于配套服务。它为那些要求不高的客户提供了更便宜的品牌，并取得了一定的成功。但客户知道这个第二品牌来自同一家供应商后，会要求提供其通常会提供的全面服务，这些要求不合理，但商家无法拒绝。

在另一个案例中，第二品牌战略的效果很好。一家特种化学品的全球市场领导者发现，其独特的硅基产品正在失去竞争优势，且来自竞争对手的低价冲击不断增强。但该公司并没有直接降低其主品牌的价格来应对这些威胁，而是在第二品牌下引入了 LEA，其价格比主品牌低大约 20%。LEA 仅提供最低限度的服务，不能定制，并且只能按整车运输。客户需要等待 7～20 天才能拿到货，这让制造商可以灵活使用空闲的生产能力。引入 LEA 后，公司实现了两位数的增长，销售额在之后 4 年内翻了一番，且没有对主品牌造成太大影响。

从零开始打造一个新的第二品牌的另一种方法是收购现有的低成本品牌，如收割机市场领导者科乐收收购了其在中国的前合资伙伴春雨（Chunyu）。但这个方法不一定有效。例如，对中国品牌中宇（Jouyou）的收购就给尖端卫浴技术的全球市场领导者高仪（Grohe）带来了相当大的问题。

竞争与商业环境

商业环境的改善正在改变竞争的性质。一般来说，各个公司一直在相互竞争。对于像第 16 章中提到的阿斯麦 - 通快集团 - 卡尔蔡司 SMT 这样的商业生态系统，其竞争发生在公司之间。对图特林根医疗技术生态系统，或耶拿光学生态系统来说，情况也是如此。这样的竞争有两种主要的效应：首先，这些生态系统中的公司经常相互竞争，这相当于永久性的高绩效培训，这是达到行业最高水准的需要；其次，这样的商业环境通过提供高技术工人、供应商、顾问、投资者和其他服务提供商来提升个体公司的竞争力。对某些企业而言，最高水平的竞争力只能在合适的商业环境中实现[9]。德语国家的隐形冠军和硅谷或深圳的隐形冠军都是如此。

灯塔项目

作为市场领导者，隐形冠军可以进入到代表竞争优势的灯塔项目中，在理想情况下，这意味着"独一无二"的地位。隐形冠军提供了无数这种品牌传播的例子，这种方式既便宜又有效。

当假肢隐形冠军奥托博克支持残奥会时，它得到了媒体的大力报道；来自森海塞尔子公司纽曼（Neumann）的顶级麦克风被碧昂丝（Beyoncé）、Nena 乐队、斯汀（Sting）、蕾哈娜（Rihanna）和许多其他名人使用；Carbovision 的轻量级车轮帮助选手赢得了众多环法自行车赛和世界锦标赛；普茨迈斯特混凝土泵被用于建造世界最高建筑哈利法塔以及切尔诺贝利和福岛核电站事故中；西克的传感器被用于保护蒙娜丽莎；迈科伟城在广受欢迎的影视剧《权力的游戏》中负责视觉特效的打造；隐形冠军 Technocrane 的伸缩式摄影升降机已用于一系列全球电影的拍摄，如《007》《哈利波特》和《指环王》，它的发明者在 2005 年获得了奥斯卡奖。

Cerobear 是陶瓷球轴承的全球市场领导者，其产品被用于太空项目；来自石勒苏益格－荷尔斯泰因州比德尔斯多夫的亚科（Aco）是排水技术的全球市场领导者，自 1972 年以来，该公司为所有奥运会（1980 年的莫斯科奥运会除外）配备了体育排水系统；欧洲药房配药机市场领导者欧娲（Rowa），在梵蒂冈的药房安装了其第 10 000 个系统。维也纳隐形冠军飞坤（Frequentis）是空中交通管制安全通信系统的全球市场领导者，其客户有 NASA（美国国家航空航天局）和 EASA（欧洲航空安全局）。

即使是小公司也有机会通过灯塔项目登上大舞台：隐形冠军克莱斯生产的管风琴在北京国家大剧院、吉隆坡双子塔、广岛世界和平纪念圣堂、汉堡易北爱乐音乐厅、科隆大教堂、圣彼得堡爱乐大厅都能见到它在中国台湾高雄打造了亚洲最大的管风琴，在菲律宾打造了世界上唯一的竹制管风琴。全世界没有管风琴专家不知道克莱斯公司。杰里茨（Gerriets）是大型剧院幕布的全球市场领导者，拥有非常多客户，从米兰的斯卡拉歌剧院、纽约的大都会歌剧院到以色列、科威特、中国和日本。国际奖项和世界纪录也反映了隐形冠军的成就：森海塞尔曾获得奥斯卡科学技术奖和艾美奖；阿莱是专业胶片摄影机的全球市场领导者，其获得了 15 项奥斯卡科学技术奖；泽立（Söring）是超声手术的全球市场领导者，其于 1989 年帮助马来西亚的外科医生首次成功分离单肝连体双胞胎，而闻名于世。泽立还制造了世界上最小的用于微创肝脏手术的超声解剖器，外径仅 5.5 毫米。与泽立公司相反，维捷拥有世界上最大的 3D 打印机。此外还有海瑞克，它建造了更大的机械——世界上最长的铁路隧道——圣哥达基线隧道。

隐形冠军的某些产品的名称已经成为通用术语。法兰西科学院

（Académie Francaise）已将"karchériser"视为一个官方动词，它源自全球第一的高压清洗机制造商卡赫。最近的一个通用术语是电动汽车的Mennekes插头，它由隐形冠军曼奈柯斯（Mennekes）开发并作为欧洲的标准插头，也用于特斯拉汽车。

通过灯塔项目、国际奖项、世界纪录或通用术语，一家企业能够让人相信它是行业佼佼者或者标准制定者，因为只有最好的供应商才能赢得这些备受瞩目的荣誉，除此之外其他任何企业都不能用"第一"来标榜自己。卓越绩效的展示和沟通的有效性形成了良性循环，一家企业只有在具有出色表现的基础上才能获得有名的灯塔项目，这些反过来又加强了传播的影响和消费者对其竞争优势的感知。同样重要的一点是，灯塔项目让企业员工也充满自豪感和动力。

新游戏：竞争

竞争过程中，有哪些地方需要改变？竞争优势的标准没有发生改变，它必须保持"重要""被感知""可持续"。隐形冠军市场的结构仍然是寡头垄断，但更多的竞争者，尤其是来自中国的竞争者正在出现。这可能会导致暂时的大规模竞争，而随后很可能会出现兼并。隐形冠军必须密切关注兼并过程，在此过程中，企业首先要生存，其次还要把它看作收购和购买第二品牌的机会。产品质量或产品寿命等硬实力竞争参数仍然存在，但软实力竞争参数也越来越重要。其中，数字化指标尤甚。复杂的产品需要更多的专业建议、系统集成、易用性和可持续性。为了在这些领域创造和保持竞争优势，隐形冠军有必要在提高员工素质上进行大量投资。同时，商业环境在提高国际竞争力方面发挥着越来越大的作用，互联网提高了具有全球影响力的灯塔项目的效率，可以更进一步巩固一家公司"独一无二"的地位。

参考文献

1. Warnecke, H.-J. (1992). *Die fraktale Fabrik*. Heidelberg/New York: Springer
2. N.A. (2020, July 31). Dürr fast ohne Konkurrenz. *Frankfurter Allgemeine Zeitung*, p. 23.
3. N.A. (2019). Urbanization drives demand for tunneling machines. *China Daily*.
4. Retrieved December 6, 2019, from http://www.xinhuanet.com/english/2019-12/06/c_138611207.htm.
5. Grashoff, J. (2020, November 5). Maschinenbauer unter Druck. *Frankfurter Allgemeine Zeitung*, p. 20.
6. Levitt, T. (1983). *The marketing imagination*. New York: Free Press.
7. Retrieved from https://www.igus.de/info/techup-costdown-chainflex-preischeck.
8. Retrieved November 10, 2020, from http://www.pay-per-wash.biz/de_de/.
9. Bedre-Defolie, Ö. (2020). How do digital ecosystems defend their business. In S. Crainer (Ed.), *Ecosystems Inc.—Understanding, harnessing and developing organizational ecosystems* (pp. 25–29). Wargrave (UK): Thinkers50.com.

组织

第 25 章

"结构跟随战略"。[1]

换言之，战略决定了组织，而组织又反过来对战略实施、行动能力、灵活性、敏捷性、与客户的贴近度和成本产生了很大的影响。许多隐形冠军是单一产品、单一市场的公司，在这样的公司中，职能组织能够良好运作。专注的企业往往只需要简单的组织结构，人们不应低估这一优势。与大公司相比，隐形冠军的分工不那么明确，其员工通常拥有多方面的能力，由此产生的灵活性使公司能够更均匀地在员工之间分配工作量。

隐形冠军的高层人员编制精简，并实行"精益领导"。数字化使他们能够在规模不断扩大的情况下保持这种精简的模式，管理者和员工之间的高度认同也意味着隐形冠军能在相对简单的组织形式中发展。

职能组织

传统的隐形冠军公司专注于一种产品和一个相对狭窄的市场[⊖]，大多数公司的主产品在其主市场中创造了超过 70% 的销售额。在欧洲经济研究中心的一项研究报告中这一比例为 67%[2]。大约 1/3 的公司在它们的主市场实现了 90% 以上的销售占比，而在其中有超过 25% 的公司在这一主市场的销售额占比为 100%。这些产品很可能有很多衍生品，但它们基于相同的技术和生产平台。

符合上述特点的隐形冠军包括 Brasseler（牙钻）、Gottschalk（图钉）、Multivac（热成型包装机）、Bruns-Pfanzen-Export（苗圃植物）、GfK（市场研究服务）、Omicron（用于纳米技术的隧道扫描显微镜）等公司。几乎所有单一产品、单一市场的隐形冠军都有一个经典的职能组织，其特点是职责分工明确，其主要优势是在这样的情况下，公司的管理不会太复杂。在中小企业中，只有一两个人的最高级管理层不需要职能划分。在我的研究中，1/5 的受访者都是公司唯一的 C 级（首席）主管。全面的职能划分通常在第二级管理层发挥作用。职能组织是单一产品、单一市场公司的一种自然形式，代表着简单的流程、敏捷性和组织影响力。

多功能性

在隐形冠军中，尤其是在其中规模较小的公司中，职能划分不像大

⊖ 我们所说的"一个"市场，是指一种产品或服务的市场。从这个意义上说，在不同国家向同一目标群体销售的产品就是"同一"市场。

公司那么分明和僵化，工作规则和工作描述也没有那么详细和复杂。员工通过接受培训便可以更广泛地展开工作，并能够在克服自身职能局限的基础上去理解公司的工作。一项研究发现，成功的公司实施跨职能调动的频率是不太成功的公司的 5 倍 [3]。

罗尔夫·戈特沙尔克（Rolf Gottschalk）是与之同名公司的管理合伙人，该公司是全球图钉市场领导者。他称自己的员工是能够处理各种任务的"全才"。在高质量声学系统领域领先的制造商 Maestro Badenia，其员工必须具备能够胜任所有制造任务的能力，这是平衡工作量的有效方式。Maestro 的总经理托马斯·绍尔（Tomas Sauer）表示，这使日常工作更加丰富，进而提高了员工的积极性。温特豪德明确要求其员工能够胜任多种职能。

在隐形冠军公司，当服务部门遇到瓶颈时，工厂工人伸出援手的类似情况并不罕见。在新冠疫情期间，领先的家具设计制造商威达（VitrA）让办公室员工开展电话销售。威达的董事总经理鲁道夫·皮茨（Rudolf Pütz）说："他们中的一些人在这一过程中发现了自己喜欢销售。"装配产品的全球领导者伍尔特一再证明，这种灵活性不仅是可能的，而且在危机期间很有效。为了在大萧条期间整改销售队伍，伍尔特将近 10% 的员工从办公室调到了现场销售岗位。

外派任务

员工的多功能性的一个具体方面是员工在外派任务中的灵活性和可

用性。广泛的国际部署能力在全球化经济中变得越来越重要，并且与组织和企业文化二者都有关系。如今，许多隐形冠军拥有一批具有国际经验的核心员工，他们愿意并有能力在世界任何地方工作。即使是一些规模最小的具有全球业务的公司（例如克莱斯）也经常依赖那些可以常驻世界任何国家的员工。

权力下放

前面章节中描述的趋势和转变在很多方面影响着隐形冠军的组织结构。当子公司的数量变得非常多时，需要在组织结构中增加一个中间级别。亚太地区、美洲或 MENA（中东和北非地区）——当隐形冠军超过一定规模时，它们通常会采用这些单位。通过外商直接投资替代出口对隐形冠军的组织结构产生了另一个强大的影响，这一转变将价值链的大部分转移到了国外，不但包括制造、采购和销售的转移，还包括研究和开发以及相应的管理能力的转移。换句话说，更多的权力下放是不可避免的。隐形冠军传统的家族制、集中管理的公司结构正在转变为一个具有多个中心和更高自由度的区域和地方管理的结构。由于此类结构存在离心力的风险，因此更加需要通过具有全公司价值观的共享企业文化来保持整体的凝聚力。

水泵的全球市场领导者威乐正在贯彻落实这些理念：位于美国的美洲新总部和位于中国的新兴市场新总部将作为位于德国多特蒙德的传统欧洲总部的补充。这 3 个区域总部反映了威乐对它们更加独立发展的期望。

第25章 组织

威乐的首席执行官奥利弗·赫尔梅斯解释说："我们正在给这些区域管理公司尽可能多的自主权，将集中化减少到仅仅必要的程度。这种发展还将提高这 3 个经济中心的价值链区域化程度。我们认为这种组织结构是我们为未来所做的最好的准备。"

西蒙顾和在欧洲、美国和新加坡都有类似的管理公司，这 3 家公司拥有相同的股东，在一定程度上利益是一致的，但它们在法律上是独立的。西蒙顾和在其他国家的业务都属于这三家公司。

新的工作组织

隐形冠军通常是引入新工作组织的先驱。通快集团和科乐收多年来一直使用工作时间账户来更好地适应繁荣和萧条阶段不断变化的工作量。良好的雇主–雇员关系和数字化的使用也促进了此类创新，新冠疫情将进一步加快向混合模式的转变，工作时间将在公司办公和居家办公之间分配，这对领导能力和工作组织提出了新的要求[4]。

对于这方面的预测，我持谨慎态度。我的猜测是，许多隐形冠军的管理者都偏爱在公司办公。与此同时，隐形冠军员工的积极性很高，并且认同他们的工作和公司，这意味着减少直接管理也不会对生产率造成太大影响。

城市和农村地区之间的差异也可能影响未来的工作组织。在城市地区，居家办公可能更具吸引力且生产率更高，因为通勤往往既耗时又不稳定（交通堵塞、公共交通延误）。数字化带来了工作组织的进一步变化：日益数字化的销售和服务节省了差旅时间、减少了对相关人员的需求，并使任务更加集中化；此外，数字活动可以设在不繁华的城市地区或低工资国家。很难说隐形冠军在利用这些机会的方式上是否与其他公司不同，但一般来说，它们在利用新技术的速度上比大公司更快。

部门组织

在成熟市场中隐形冠军更难保持其最大的竞争优势——贴近客户，因为成熟市场包含多个按客户需求区分的细分市场。为了应对这一挑战，许多隐形冠军正在向部门组织转变。隐形冠军对这种市场动态做出反应的一致性和速度令人惊叹，当它们从职能组织切换到部门组织时，它们遵循的标准与它们传统上用来定义市场的标准完全相同，即用新的组织单位来适应客户细分或应用场景。

来自奥地利的森佩理特股份公司（Semperit Holding）是橡胶制品专家，也是多个领域的全球市场领导者，这个公司就是部门组织。全球50%的自动扶梯扶手来自森佩理特，每块滑雪板上都有森佩理特制造的橡皮筋。图25-1所示，该公司有4个部门Sempermed、Semperflex、Sempertrans和Semperform，各个部门专注于不同的客户细分及其需求。

萨利亚是另一个采用部门组织的隐形冠军，该集团活跃于24个国家的200个地方，拥有11 000名员工，收入高达26亿欧元。萨利亚公司的主要业务是处理食品和动物副产品，图25-2显示了它的组织结构。

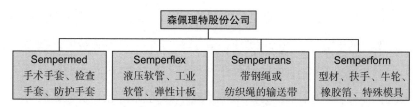

图 25-1 森佩理特股份公司的组织结构

图 25-2 萨利亚集团的组织结构

萨利亚通过部门组织的形式来满足不同目标群体的不同技术需求。其集团包含的几家公司都是欧洲市场的领导者,每家公司都可以在专注度、贴近客户等方面成为隐形冠军。

贺尔碧格控股公司是驱动和压缩机技术多个领域的全球市场领导者,该公司向我们展现了一家公司的组织结构可以并且必须变得多么专业化。贺尔碧格控股拥有 6 600 名员工,销售额为 12.2 亿欧元。如图 25-3 所示,贺尔碧格建立了部门组织来优化协调小零件组合和不同客户细分的需求。

近年来,许多隐形冠军引入了这种以目标群体为导向的组织,例如攀时(Plansee,高性能材料)、IBG(焊接技术)和科德宝(多样化)。

克恩–里伯斯集团是安全带弹簧的全球市场领导者,这家公司也正

在推行非常明显的分散化战略。全球 2/3 的汽车安全带都配备了克恩 –
里伯斯的弹簧；此外，它还在针织机用沉降片和医用柳叶刀市场处于领
先地位，尤其是在针织机用沉降片领域，克恩 – 里伯斯集团拥有世界上
最大的产品系列。总体而言，该公司拥有 49 家子公司，分为 23 个称为
"能力中心"组织单位，其总营业额为 7.4 亿欧元，这意味着每个能力
中心的平均营业额约为 3 200 万欧元。分散化战略的小规模确保了隐形
冠军的主要优势——贴近客户和灵活性。

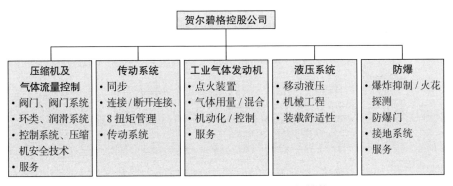

图 25-3　贺尔碧格控股公司的组织结构

新游戏：组织

职能组织将继续适用于单一产品、单一市场的隐形冠军，员工的多
功能性是提高内部工作流程效率的重要前提。

然而，随着产品或目标群体的复杂性增加，部门组织结构正在逐渐
渗透到隐形冠军中。拥有更多的国外子公司需要一个具有更高自主权的
中级管理层，外商直接投资促进了这一发展，提高了更深层次的价值链

的灵活性和对区域条件的更好的适应能力。在某些情况下，就像水泵市场的隐形冠军威乐所实践的那样，这些单位可以演变成 3 个相对独立的地区总部，但它们同属一家控股公司。在新的工作组织形式方面，隐形冠军在过去已被证明是先驱，并有望在未来给出创新的解决方案。

参考文献

1. Chandler, A. (1990). *Strategy and structure: Chapters in the history of the American industrial enterprise*. Cambridge (Mass.): MIT Press.
2. Rammer, C., & Spielkamp, A. (2019). The distinct features of hidden champions in Germany: A dynamic capabilities view. *ZEW Discussion Papers, No. 19-012*, ZEW—Leibniz-Zentrum für Europäische Wirtschaftsforschung, Mannheim, Germany.
3. Rommel, G., Brück, F., Diederichs, R., & Kempis, R.-D. (1995). *Simplicity wins*. Boston: Harvard Business School Press.
4. Retrieved from https://hbr.org/2020/10/how-to-manage-a-hybrid-team.

第26章

利润和融资

在前面的章节中，我们分析了隐形冠军战略的各个方面，如想要做到最佳的野心、市场领导力、创新、贴近客户、竞争优势和组织。在本章中，我们将研究这些优势是否以及如何反映在盈利能力上。

融资和利润是相互影响的。高利润能实现自我融资并保持低负债，同时低利息支付能够产生高股本回报率。隐形冠军主要从现金流中融资，且债务权益比率较低。但是，自我融资可能是制约它们增长的因素之一，所以部分也会考虑上市这一条路。但到目前为止，选择上市的隐形冠军并不多。

利润

利润是衡量企业成功与否的决定性标准。利润的本质是什么？对我来说，真正的定义只有一个：利润是指企业家（所有者、股东）在公司履行了对其员工、供应商、银行、其他债权人的合同义务且缴纳了各种国家、州和地方政府等税收之后所能保留的部分。[1] 只有税后利润才是真正的利润，其他利润，如 EBIT（息税前利润）或 EBITDA（税息折旧摊销前利润）都不是真正的利润。

为了进行以下比较，我使用销售净利率（也称净利润率，即税后利润除以收入）代表企业的利润水平。从 2003 年到 2019 年，德国公司的销售净利率平均为 3.3%。2020 年《财富》世界 500 强名单中的 27 家大型德国公司在 2019 年的营业净利率中位数为 3.8%，和《财富》世界 500 强所有公司的营业净利率中位数（3.7%）相当⊖⊖。

由于合伙企业和小型公司不需要公布收入和利润数据，因此只能计算出部分隐形冠军的利润数据。有数据可查的德国隐形冠军实现了 5.8% 的销售净利率，与另一研究结果（5.54%[2]）相近。因此，德国隐形冠军公司比所有公司的长期平均回报率高出约 70%。

回到本章最初的问题：优越的市场地位是否能真正转化为更高的利润？答案是毋庸置疑的。

利润之星

在隐形冠军中，我们发现了能比肩全球盈利精英公司的利润之星。

⊖ 参见 *Fortune*, August–September 2020, pp. F1-F22。我们使用中值来排除异常值的影响。

⊖ 《财富》世界 500 强企业的平均值为 5.8%，明显更高，这是由少数公司的超高利润造成的。

《财富》世界 500 强榜单中有 30 家公司的销售净利率非常高，超过了 20%，其中包括苹果、阿里巴巴和脸书。但是最好的隐形冠军不必害怕与这些全球盈利精英公司进行比较。表 26-1 列出了 25 家销售净利率超过 20% 的隐形冠军。

表 26-1　隐形冠军中的利润之星

公司名称	行业	销售额 （百万欧元）	净利润 （百万欧元）	销售净利率 （%）
TeamViewer	远程桌面共享	157	61.9	39.4
戴安（Dionex Softron）	液相色谱	255	98.4	38.6
Blücher	防护服	54	19.0	35.2
凯密特尔（Chemetall）	表面处理	188	59.8	31.8
Lohmann Therapie-Systeme	治疗系统	226	69.3	30.7
歌剧魅影（Kryolan）	专业美妆	25	7.5	30.0
艾本德（Eppendorf）	实验室设备	425	120.9	28.4
普尔世（Puls）	导轨式电源系列	108	28.9	26.8
莱欣诺（Rational）	商用厨房设备	491	129.0	26.3
Pulsion	医学技术	26	6.7	26.2
朗格（A. Lange & Söhne）	奢侈手表	114	28.8	25.3
弗尔德莱驰（Verder Retsch）	样品制备	73	18.3	25.1
欧洲能源交易所（European Energy Exchange）	能源交易	267	66.0	24.7
RIB Software	建筑业软件	54	12.7	23.5
凌美（Lamy）	书写工具	112	26.0	23.2
Scout24	销售咨询	480	110.9	23.1
Buhl-Data-Service	软件	85	19.5	22.9
依沃泰克（Evotec）	医药开发	375	84.1	22.4
Weng Fine Art	艺术品交易	4.4	1.0	22.0
福克制药（Dr. Falk Pharma）	制药	324	71.4	22.0
一号汽车旅馆（Motel One）	旅馆	487	104.0	21.4
约瑟夫·凌美（C. Josef Lamy）	书写工具	131	27.5	21.0
爱克发医疗集团（Agfa HealthCare）	医疗保健软件	178	36.9	20.7

公司名称	行业	销售额 （百万欧元）	净利润 （百万欧元）	销售净利率 （%）
Horst Brandstätter Hldg. （摩比世界，Playmobil）	玩具	642	133.0	20.7
莱茵豪森机械制造厂 （Scheubeck Holding）	电子产品	745	151.0	20.3

令人惊讶且值得深思的是，这些利润之星不仅仅来自制药或奢侈品等少数预期高回报的行业，更广泛分布在各个行业。该名单包括厨房用具制造商莱欣诺、电子公司普尔世、莱茵豪森机械制造厂、软件和互联网提供商 TeamViewer 和 Scout24，以及化工公司凯密特尔⊖。

表 26-1 中的隐形冠军数据证明了在不同的行业都有可能实现高回报，即使在利润普遍较低的德国市场也是如此。成为特定行业的竞争者并不是利润表现不佳的借口。最终，盈利能力最终也取决于公司本身及其能力。

融资

按照国际标准衡量，德国企业的股权基础薄弱，中小企业尤其如此。综合各方信息来看，德国企业的平均债务股本比约为 3，对应的股权比例为 25%[3]。波恩中小企业研究所（Bonn Institute for SME

⊖ 凯密特尔的数据是 2016 年的年度营业数据。2017 年，该公司被巴斯夫（BASF）收购，并纳入后者的财务报表。艾本德的数据为 2016 年的数据。其他数据都是 2017 年或 2018 年的数据。EA Elektro-Automatik 使用了 2019 年的收入数据和 2018 年的净利润。

Research）的一项研究指出："德国中小企业持有的融资理念通常为保持一个显著较低的股权比例。德国所有公司的股权比例约为25%，中小企业的平均股权比例为20%，这些数据明显低于国际同行的50%。"[4]

隐形冠军的平均股权比例为42%，与典型的中小企业存在显著差异[5]。坚实的股权基础对于危机时期的生存和增长时期的扩张都很重要。大多数隐形冠军出人意料地安然度过了2008～2010年的大萧条。德国领先的信用评级机构Creditreform报告称，大多数隐形冠军的股权基础几乎没有受到大萧条的影响，相反，增强股权的趋势"在大萧条的情况下仍在中小企业中继续"[6]。希望在新冠疫情后，隐形冠军的股权实力能被证明具有同样的韧性。

首次公开募股

隐形冠军对高股权比利和现金流自我融资的偏好会限制其增长和快速扩张。我多次从初创企业的创始人和年轻的隐形冠军的领导者那里听到，他们的瓶颈是资金短缺。在第15章中，我们了解到中国隐形冠军上市时间很早，这使它们能够获得大量股本用于投资增长和研发。而在德国，只有少数隐形冠军在证券交易所上市：阿维斯克可持续隐形冠军基金（The Avesco Sustainable Hidden Champions Fund）中有145家上市的隐形冠军[7]；CDAX绩效指数包含了413家来自德意志交易所集团的上市公司，其中隐形冠军只有99家[5]；即使算上在区域性股权交易市场或外国证券交易所上市的隐形冠军，公开上市的隐形冠军公司占所有隐形冠军企业的比例不到10%。

在首次公开募股（IPO）方面，隐形冠军有很多未开发的潜力。上市可能有助于突破融资瓶颈，IPO 也可能是解决继承问题的办法。但有一个问题：许多隐形冠军的极端专业化和小规模的特点可能会阻碍它们在公开资本市场上充分发挥潜力。许多投资者并不了解这些神秘的公司是做什么的，分析师和记者也不会报道这些企业，所以一些隐形冠军的IPO 以未偿所愿或退出股市告终。

尽管如此，理想的情况是有更多隐形冠军的决策者决定上市，而非卖给第三方。公开上市将创造一个独立的公司，防止公司被更大的组织吞并而失去独立性。IPO 还将避免公司在私募股权投资者手中出现不确定的未来，后者可能在几年后转售该公司。当一家骄傲的隐形冠军选择了其中任何一条道路，而不是以独立实体的身份上市时，情况总是令人遗憾的。

私募股权

30 年前，当我开始研究隐形冠军时，私募股权在德国几乎不存在[8]。私募股权融资于 20 世纪 80 年代在美国兴起，2000 年以后在欧洲日益普及。私募股权的一个典型特征是短期投资。通常情况下，5 ～ 7 年后投资就会退出。退出的形式可以是 IPO、出售给战略投资者或另一个私募股权投资者。

很难确定隐形冠军中有几家是私募股权投资。这些年来，我估计约有 12% 的隐形冠军股权落入了私募股权投资者的手中，其中相当大的一部分已经转给了第二家，有时甚至是第三家私募股权投资者。最近的一个案例是隐形冠军 TeamViewer，它于 2019 年 9 月由私募股权公司 Permira 上市。Permira 在 2015 年以 8.7 亿欧元的价格收购了 TeamViewer，并通过出售约 40% 的股份在 IPO 中筹集了 22 亿欧元，TeamViewer 的市值一度达到了 85 亿欧元[⊖]。

对于隐形冠军与私募股权投资者之间的契合度，各方意见不一。许多企业家更青睐同一行业或愿意做出长期承诺的战略投资者，这凸显了专注于长期投资的家族企业与专注于短期投资的私募股权投资者之间的根本矛盾。以下评论揭示了其中潜在的冲突："私募股权公司通常有一个为期 5 年的退出战略，这与家族企业考虑的长期发展前景相冲突，家族企业中的传承观点与私募股权基金的短期回报预期不兼容。"[9] 但在公司发展的早期阶段，资本往往是瓶颈，对这一点其他投资者无从下手，而私募股权在这一阶段则扮演着重要的角色。

战略投资者

战略投资者要么来自同一行业，要么希望通过收购进入该行业，他们收购一家公司的目的是长期持有股份。近年来，中资对隐形冠军的收购引起了公众的特别关注。从 2014 年到 2020 年，总共有 300 起中资收购案，其中隐形冠军占 15% ～ 20%[10]，例如库卡（机器人）、克劳斯玛菲（Krauss-Mafei，注塑机）和凯傲（叉车）等。美国对隐形冠军的收

⊖　数据截至 2021 年 2 月 26 日。

购案几乎很少被注意到，除非大规模或引人注目的案例，如约翰迪尔以 44 亿欧元的价格收购维特根集团或特斯拉收购格罗曼工程公司，创立了现在的特斯拉自动化公司。实际上，美国公司全部或部分出资的隐形冠军数量远多于中国公司，不清楚具体的数字，但我估计美国战略投资的数量是中国的 4 ～ 5 倍。多年来，战略投资者对隐形冠军的兴趣一直很高，而且可能会越来越浓厚。

新游戏：利润与融资

新游戏对利润和融资意味着什么？我认为，盈利的隐形冠军企业能够保持其利润水平，只要它们不是所谓的夕阳产业（见第 28 章）。盈利能力不强的企业（其中有不少）必须尽快提高其收益，德国经济总体上也是一样。平均而言，隐形冠军企业的股权资本化程度是足够的，但各行业之间存在很大差异。从现金流中自筹资金将不足以应对竞争，尤其是对于快速增长的行业。隐形冠军需要有更高的上市意愿，私募股权可能将起到更大的作用。战略投资者，特别是来自其他国家的投资者，将对德语区国家的隐形冠军表现出越来越大的兴趣。

参考文献

1. Simon, H. (2021). *True profit! No company Ever Went Broke from Turning a Profit*. New York: Springer Nature.
2. Rammer, C., & Spielkamp, A. (2019). The distinct features of hidden champions in Germany: A dynamic capabilities view. *ZEW Discussion Papers, No. 19-012*, ZEW - Leibniz-Zentrum für Europäische Wirtschaftsforschung, Mannheim, Germany.

3. Simon, H. (2020). *Am Gewinn ist noch keine Firma kaputt gegangen.* Campus; as well as Retrieved from https://de.statista.com/statistik/daten/studie/180326/umfrage/fremdkapitalquote-im-maschinenbau-nach-laendern-weltweit/.

4. Schindele, A., & Szczesny, A. (2014). The impact of Basel II on the Debt costs of German SMEs. *Journal of Business Economics*, pp. 197–227, cf. also figures of Institut für Mittelstandsforschung, Bonn 2014.

5. Benz, L., Block, J., & Johann, M. (2020). Börsennotierte hidden champions. *Zeitschrift Führung und Organisation*, pp. 291–295.

6. N.A. (2011). Kriseneffekte beim Eigenkapital–Die Folgen der Rezession für die Kapitalausstattung des Mittelstandes. *Creditreform, Beiträge zur Wirtschaftsforschung*, p. 1.

7. Retrieved from https://www.avesco-shc.de/2020.

8. N.A. (2006, December 14). Studie des Branchenverbandes EVCA—Private Equity im europäischen Vergleich. *Handelsblatt.*

9. N.A. (2006, September 21/22). Familienunternehmen im Zeitalter der Globalisierung. *BDI Forum Familienunternehmen*, Berlin.

10. N.A. (2021, March 5). Chinesen übernehmen seltener. *Frankfurter Allgemeine Zeitung*, p. 20.

第
27
章

员工和领导

　　归根结底，隐形冠军的成功并不是来自外部因素，其成功的关键在于公司内部，包括员工和领导。能够让隐形冠军的员工和领导脱颖而出的不是某一种专门的特点，而是多种相互作用、相互促进形成的特质。

　　隐形冠军拥有独特的企业和领导文化，不容易被模仿。麦当劳创始人雷·克罗克（Ray Kroc）曾用一句话来描述这种现象："他们可能复制我的风格，也可能模仿我，但他们无法读懂我的思想，在思想上，我会把他们甩在一英里⊖半之外。"支撑员工绩效的是激励和资质，领导者必须把员工的精力朝着有利于公司目标的方向上引导。

　　⊖　1英里 = 1 609.344 米。

激励

企业文化、员工认同和激励等软性因素对公司业绩十分重要，隐形冠军的文化并不追寻瞬息万变的管理潮流，相反，它们很保守，比如长期的忠诚度和在员工试用期的严格筛选等。

隐形冠军具有人效高的特点，事实也证明，让员工没有时间从事无用的工作能极为有效地提高生产力。隐形冠军的文化崇尚高绩效，不接受表现不佳的成员。一位隐形冠军CEO曾跟我说："我以前在一家大公司工作，在那里一些员工可以在工作时间看报纸，这种行为在这里是难以想象的。"与大公司相比，隐形冠军的员工业绩不佳更容易被注意到，并且通常是由团队和同事发现的，甚至到不了管理层，这样就形成了一个良性循环。隐形冠军的强大竞争地位也对员工具有激励作用，人们更愿意在一家受人尊敬的市场领导者而不是一家衰落的公司工作。

企业文化是高度激励员工的基础，这种文化是由企业家的行为塑造的。下面是一个真实发生的典型案例：全球真空泵领导者普旭在2013年举行了50周年庆，为了纪念这一时刻，普旭家族访问了遍布世界各地的42个分公司。"公司周年纪念活动今年初在远东的普旭分公司开始，沿着太阳的轨迹，他们于9月抵达位于德国马尔堡的普旭总部，并于今年晚些时候在美国分公司结束此次访问。"[1] 尽管年事已高，该公司创始人卡尔·普旭（Karl Busch）和艾汉·普旭（Ayhan Busch），以及年轻一代——女儿艾拉·普旭、儿子萨米·普旭（Sami Busch）和卡亚·普旭（Kaya Busch）都加入了访问队伍。这五位董事拥有平等地位，共同组成常务董事团队领导着公司，普旭可能也是世界上唯一一家拥有五位 CEO 的公司。

隐形冠军将它们员工的承诺和激励视为主要的竞争优势，这体现在较低的病假率和离职率上。隐形冠军的员工离职率每年约 2.7%，约为德国平均员工离职率（7.3%）的 1/3，按国际标准衡量，这已经很低了。从战略上讲，低离职率比低病假率更重要，因为它能保留专业知识和客户关系，降低培训新员工的成本，并使公司在培训和发展方面的投入得到回报。互联网和全球人才短缺使得员工忠诚度越来越重要。年轻员工希望在多家公司中获得工作经验，领英（LinkedIn）等社交媒体网站也在促进公司与潜在候选人之间的联系，这些趋势给隐形冠军带来了问题。针对这点，艾拉·普旭表示："这对隐形冠军来说是一个艰巨的挑战，因为它们依赖于员工的专业化、忠诚度和热情。"⊖

资质

全球竞争越来越关注技能而不仅仅是成本。低技能活动的自动化消除了低薪国家的许多传统成本优势。产品和流程变得越来越复杂，对技能的要求也越来越高。随着中国和印度等新兴国家的教育水平的提高，高度发达国家必须加大对技能的投入才能跟上步伐。

隐形冠军深知，员工的资质和培训是积累技术知识和取得高绩效的必要条件，企业需要注重职业教育和终身培训。在德国双元制培训项目中，学徒每周在私人公司工作三天，其余两天在政府开办的职业学校就

⊖ 个人访谈，2020 年 11 月 29 日。

读，从而获得特定的实践和理论知识组合。在隐形冠军中，9%的员工都参加了双元制项目。相比之下，德国员工参加双元制培训项目的平均水平仅为6%，这意味着隐形冠军在技术工人培训上的投入比普通公司高出50%。车轴制造领导者凯斯勒（Kessler & Co）创造了一种名为"高中附加计划"（"High School Plus"，德语为Abitur plus）的创新培训模式。从八年级开始，高中生可以完成为期4年的双元培训课程，最后获得工商会颁发的证书[2]。隐形冠军在继续教育上也有很大投入，根据一项研究，它们在每位员工培训上的花费比同类公司高出25%[3]⊖。

资质提升增加了具有专科或大学学历的员工的人数：在过去的25年里，他们的比例翻了一番，从远低于10%增加到超过24%，平均员工人数为2 252人，这意味着隐形冠军平均雇用540名具有专科或大学学历的员工，这比同类公司多出5%，即113名员工。基于此，有人倾向于将隐形冠军描述为"附带生产的研究实验室"。无论如何，隐形冠军都是高资质的组织，同时隐形冠军的工资比同类公司高11%。

在新兴市场，隐形冠军面临的最大挑战之一是实现高技能水平。大多数情况下，本地劳动力市场没有符合资质条件的员工，隐形冠军如何应对这一挑战呢？它们开始带头迁移德国双元培养体系：通常是与其他德国公司或工商会合作，在国外运营自己的职业学校。

人才战

高资质的要求使得招募有才华的年轻人对隐形冠军而言不可或缺，

⊖ 隐形冠军每年为员工花费600欧元，而普通公司为470欧元。

被"隐藏"及由此带来的低知名度是隐形冠军在人才争夺战中的不利因素。虽然这在隐形冠军所在地附近可能不太明显，但在全国范围内肯定是不利的，在国际范围内更是如此。艾拉·普旭认为"隐形冠军们再也承受不起在劳动力市场上'隐形'了"⊖。另外，隐形冠军不应抱有幻想，认为自己可以在全国或全球范围内建立起与大公司和知名品牌相当的知名度或拥有同等的吸引力。由于有限的规模和产品的低知名度，它们根本无法做到这两点。在招聘方面，许多隐形冠军因选址在农村地区而构成了进一步的问题。年轻人往往会被吸引到城市地区，在德语国家，农村人口外流已经持续多年了。

对隐形冠军来说，最明智的做法是专注于在总部附近开展招聘工作和建设雇主品牌。人才无处不在。世界第二大调味品集团福克斯集团的 CEO 尼尔斯·迈尔 – 普里斯曾谈到"隐形人才"。他明确指出，公司的目标必须是尽早发现这些人才，让他们更了解公司。隐形冠军在其周围地区有一定程度的认可度，甚至往往具有很高的雇主吸引力，因此可以在此基础上与职业学校、高中和区域性大学建立关系，有针对性地提供实习机会或学生研究项目，同时也可以为公司带来人才。碧然德（Brita）是使用点滤水器（POU 滤水器）的全球市场领导者，该公司通过经理人讲座、学生研究项目、案例研究和实习，与附近的欧洲商学院保持着密切的关系，因此，来自欧洲商学院毕业生的申请数量显著增加 [4]。

在人才竞争中，重要的不仅仅是选址，还有品牌和公司名称。格罗曼工程公司一直难以吸引工程师加入其处于偏远地区的公司，但自从

⊖　个人访谈，2020 年 11 月 29 日。

该公司成为特斯拉自动化公司以来，申请人源源不断。一旦年轻人才加入，隐形冠军可以采用轮岗计划，特别是分配他们到海外子公司轮岗，以培养具有国际经验和忠诚度的员工。

在职业晋升方面，隐形冠军的一个优势是，比起大公司，年轻人能够更快地晋升到管理层，也更经常被派驻到全球。"隐形冠军为员工提供了两方面的优势：熟悉的工作氛围，高度的个人自由和充满活力的国际环境。正因为如此，隐形冠军吸引了隐形人才。"调味品隐形冠军福克斯集团的 CEO 尼尔斯·迈尔 – 普里斯说。

然而，我怀疑目标群体没有充分了解和感知这一优势。隐形冠军还可以通过引入新的工作模式来增加吸引力，这对年轻人来说是一个非常重要的话题。嘉利达的 CEO 弗朗茨·约瑟夫·科纳特博士指出，未来将不再有单一的标准职业，而是有许多不同的职业和生活模式。隐形冠军可以成为这一领域的先锋，就像它们在工作时间灵活性方面所做的那样。

对隐形冠军来说，吸引顶尖的国际人才是一个更大的挑战。在这方面，由于语言障碍，德国有严重的缺口。在与德国四大研究机构[○]的会长会面时，我提到，印度理工学院每年 4 000 名毕业生中有很大一部分会在考完试后前往美国。其中一位会长反对说，他的学会也收到了约 50 份来自印度理工学院毕业生的申请；当我问实际有多少人来时，他的回答是"5 个"。

○ 德国有四个大型研究机构：马克斯·普朗克（86 个研究所，24 000 名员工）、弗劳恩霍夫（74 个研究所，28 000 名员工）、亥姆霍兹（18 个中心，42 000 名员工）和莱布尼茨（96 个研究中心，20 000 名员工）。

2 000多人前往美国，5人前往德国……这已经说明了德国对这些顶尖人才的吸引力。在这方面，即使是国际知名的大型德国公司也有很多需要追赶的地方，当然，对隐形冠军和一般的中型公司来说更是如此。

语言障碍是一个关键因素。来自印度的毕业生可以立即在英语国家开展工作，但在其他国家，他们可能必须先学习当地语言。专利律师克劳斯·戈肯（Klaus Goeken）表示："顶尖人才争夺战正在如火如荼地进行，无论是出生地、社会出身、护照还是宗教信仰都不占主导地位。"隐形冠军的一种应对方法是在对顶尖人才有吸引力的地区设立分公司。在德国，通常的选择是柏林；在其他国家，可能是硅谷、深圳，也可能是蓝色海岸。例如，Zapier 是一家总部位于密苏里州的互联网公司，密苏里州对顶尖人才而言并不是理想的工作地点，其 250 名员工分布在美国 17 个州以及 17 个国家 [5]。这当然是一个极端的情况，但它指出了机会，甚至可能是一种必要性：如果顶尖人才不愿意来公司，公司必须去靠近顶尖人才。我很早就在西蒙顾和那里学到，办公地点在人才获取方面往往比在客户获取方面更重要。

多样性和包容性

多样性和包容性（Diversity and Inclusion，简称 D&I），是一个备受关注的话题，它与可持续发展类似，也可以被看作是可持续发展的一个方面。D&I 管理涉及员工的多样性和异质性，重点是诸如年龄、性别、种族、性取向、宗教信仰、残疾、教育、经验和专业知识等方面。D&I 旨在利用多样性的机会，避免歧视、攻击和亚群体的形成。

这个话题并不新鲜。2004 年，我在法兰克福向德意志银行的德国理事会做了题为《多元化：德意志银行的机遇和挑战》的报告，列举了一些"在多样性管理方面进行深入研究的公司的案例"，包括福特、拜耳、德国电信和德国商业银行（Commerzbank）。

如今，按照一家隐形冠军的文件中的表述，D&I 的目标是"广泛、全面和深远"。随着投资公司黑石（Blackstone）尝试强制要求所有控股公司的每三名董事会成员有一位是"多元化"的 [6]，投资者越来越倾向于 D&I。隐形冠军在许多方面都面临着 D&I 的挑战。全球化带来了在文化、民族、宗教等方面"多元化"的劳动力，需要企业相应地进行调整。这种现象也不是新鲜事，早在 1987 年，在访问一家德国公司的吉隆坡工厂时，我就看到了为有宗教信仰的员工准备的祈祷室。从 D&I 的角度来看，隐形冠军目前似乎已经很好地应对了全球化，至于其他属性，如女性参与高层管理，许多隐形冠军仍面临着来自传统的、等级森严的父权制企业文化、行业习惯及特定行业供应限制的阻碍，现在还没有足够的女性机械工程师代表出现在需要这种资质的工作中。无论如何，D&I 是一个隐形冠军们需要时间来适应新游戏规则的领域。

领导者

隐形冠军的领导者身上体现着立志将他们的公司推向市场领先地位的雄心。虽然他们都是不能一概而论的个体，但我还是发现了某些共同点，包括对个人和使命的认同、专注的决心、无畏、毅力和激励他人的能力；对年轻的领导者来说，还包括全球视野和更高的学历。

领导层的延续性

一致性、延续性和长期导向等是隐形冠军的典型特征，这些都反映在了其持久的市场领导地位、低流动率、罕见的结构突变和恒永的价值观中。公司高层的延续性是重中之重。福伊特公司前 CEO 赫尔穆特·科尔曼（Hermut Kormann）说："战略的长远性是战略制定者和其任期延续性的结果。"[7] 单独看，延续性本身并无好坏之分，但一个软弱的企业领导者任期过长显然是有害的；反过来，一个优秀的企业领导者长期掌舵，则是一种福气。不过管理学文献中很少探讨延续性这个话题，但《基业长青》(*Built to Last*) 这本书是个例外。该书将所谓"有远见"的公司的 CEO 任期与那些不太成功的公司做了比较[8]：在有远见的公司中，CEO 的平均任期为 17.4 年，而在普通对照组中只有 11.7 年。隐形冠军 CEO 的平均任期为 21 年，甚至高于有远见的公司。而在大公司，CEO 的平均任期是 6 年[9]，隐形冠军 CEO 的掌舵时间是其 3 倍以上——这充分说明这些公司对延续性的高度重视。

年轻 CEO

只有当企业领导者们在相对年轻的时候取得最高职位时，才可能拥有长久的任期和相应的高度延续性。任命年轻人担任管理职位，从延续性和长期导向的角度来看是有意义的，而且也关系到企业家的能量和活力。值得注意的是，许多隐形冠军的创始人在非常年轻的时候就创办了公司：雷诺德·伍尔特（Reinhold Würth）的父亲在他 19 岁时去世了，他不得不接管公司，当时公司只有一名员工，现在有 83 000 名；莱因哈德·维特根（Reinhard Wirtgen）在 18 岁时就创建了自己的公司，如今已经成为全球路面铣刨机的市场领导者。现在的情形也没有太大的变化，只是许多年轻的创始人都拥有大学学位，以及在创办公司时比战后的那一代人要大几岁。斯特凡·维尔斯迈尔（Stefan Vilsmeier）在 22 岁时创立了博医来（Brainlab）；拉尔夫·多默穆特（Ralf Dommermuth）在 25 岁时创办了联合互联网公司（United Internet），这些企业创始人都很年轻。

继承式的 CEO 也是在相对年轻的时候被任命的。尽管能在 50 岁之前成为大公司 CEO 的人寥寥无几，但隐形冠军的领导者可以是在 20 多岁，往往是在 30 多岁，最迟在 40 岁出头就取得最高职位了。就家族企业的 CEO 而言，这种提前任命并不令人惊讶：汉斯 - 格奥尔格·奈德 28 岁时就执掌了矫正专家奥托博克公司；马克·菲尔曼（Marc Fielmann）29 岁时成为菲尔曼集团（Fielmann AG）的 CEO；克里斯托弗·曼奈柯斯（Christopher Mennekes）32 岁时接替了他父亲在同名工业连接器公司的位置。隐形冠军公司也会在非家族经理人还很年轻的时候任命他们为 CEO：罗伯特·弗里德曼（Robert Friedmann）在接管伍尔特公司时 38 岁；哈特穆特·詹纳（Hartmut Jenner）34 岁时成为卡赫的负责人。与延续性类似，CEO 的入职年龄当然也存在一些矛盾："年轻人"意味着充满活力、精力充沛、眼光长远，但也意味着经验不足，容易出现心理负担过重或不够镇定的情况。年长管理者的典型优势是经验更丰富，在领导力方面更自信，个性更成熟，但我们不能笼统地说哪一种对公司更好。

女性 CEO

在多样性和包容性的背景下，女性机会平等是一个热门话题。全世界的大公司中，只有 5% 的 CEO 是女性；在美国最大的 500 家公司中，这一比例为 3.2%；在德国最大的 160 家上市公司中，这一比例基本没变，为 3.1%[10]。

相比之下，在隐形冠军中女性更有可能占据高层管理职位。在德国最大的 500 家家族企业中，约 13.6% 的高层管理者是女性[11]；比如，通快集团的尼古拉·勒宾格·凯姆勒（Nicola Leibinger-Kammüller）、欧洲遮阳系统市场领导者望瑞门（Warema）的安吉丽克·伦霍夫 – 穆克（Angelique Renkhoff-Mücke）、3D 打印领域的领军企业之一 EOS 的 CEO 玛丽·兰格（Marie Langer）、同名全球鱼类加工市场领导者的负责人彼得拉·巴德尔（Petra Baader）、专业黏合剂隐形冠军德路的掌舵人扎比内·黑罗尔德（Sabine Herold）、全球泡沫切割机市场领导者 Albrecht Bäumer GmbH 的负责人尼娜·帕蒂松（Nina Patisson）、实验室设备供应商艾本德的 CEO 伊娃·范·佩尔特（Eva van Pelt）与彼得·弗鲁施托费尔（Peter Fruhstorfer）、内窥镜市场领导者卡尔史托斯的董事长西比尔·施托尔茨（Sybill Storz）、拜恩泰科（BioNTech）的奥兹朗·图雷利（Özlem Türeci）和 Vectoflow 的卡塔琳娜·克赖茨、真空泵隐形冠军普旭的艾拉·普旭等，这些都是知名的隐形冠军女性 CEO。许多女性在丈夫去世后接管隐形冠军，并带领公司达到了新的高度，例如威卡（WIKA，压力表）、卡赫（高压清洗机）、维特根（筑路机械）、浩亭（连接技术）、皮尔兹（Pilz，工业安全）、西克（传感器）和贺尔碧格（驱动和压缩机技术）。与男性老板不同的一点是，女性高管几乎都是公司所有者的家庭成员。

管理国际化

隐形冠军通常能在国外市场创造 80% 甚至 90% 的销售额，并且雇用大量外籍员工，很多公司都选当地人担任其海外子公司的 CEO。从这些方面来看，隐形冠军已经相当国际化，甚至是全球化了。然而，在母公司高层中，外国人出现的频率要低得多，这有几个原因：例如管理团队的规模和组成——大约有一半的隐形冠军是由家庭成员经营的；高层管理团队一般规模很小；这样的团队相互适应，他们的合作基于共同的文化基础。因为这些原因的存在，短时间内由公司高层人员构成的现状不会有很大的改变。

鉴于商业的全球化性质，人们更需要能够迅速国际化的高层管理方式，但凡事总有两面，我们不应该低估一个拥有共同文化、价值基础和相互理解的小型管理团队的优势。业务、员工和管理的国际化并不是同时发生的，而是有时间差的：实现国际化的首先是销售，其次是员工，再次是扩展的管理团队。只有到最后，很可能会经过一两轮的更替，高层管理职位才会由来自不同文化和国家的人担任。

尽管如此，这一进程正在加快和加强：在美国，我们发现已经出现了几十位亚裔 CEO，例如，微软的萨提亚·纳德拉（Satya Nadella）、Alphabet（谷歌）的桑达尔·皮查伊（Sundar Pichai）、万事达卡的彭安杰（Ajay Banga）、英伟达的黄仁勋（Jen-Hsun Huang）等；在欧洲也有一些例子，如诺华的万思瀚（Vasant Narasimhan）或 Software AG 的桑贾伊·布拉玛沃（Sanjay Brahmawar）。但他们都是特例，隐形冠军仍然面临着挑战性的转型，即如何更有效地进入全球顶级领导岗位的人才库。

领导风格

领导力决定了领导者的权威和团队成员的个人责任之间的平衡，如果领导风格强烈地倾向于领导者权威，我们称其为一个命令系统或"专制领导"。专制领导可能会导致员工的积极性下降、墨守成规或者辞职。如果领导者给予过多的自由支配权，而没有设定明确的目标，结果就是缺乏协调甚至出现混乱。

隐形冠军作为高绩效组织，偏向于一种混合体系，一方面目标导向明确，另一方面员工积极性高。隐形冠军的领导者通过我所说的两极化领导风格来实现这种看似矛盾的组合，这是一种任务导向的领导方式。这种领导风格在公司的原则、价值观和目标方面都是专制的，自上而下有明确的指挥路线，没有商量的余地。但涉及具体任务的实施和执行时，员工和团队有很大的自由度，隐形冠军的员工通常比大公司的员工面临更少的规章制度。

机电一体化驱动技术的市场领导者之一维腾斯坦的原则体现了这点："辅助性原则——如果可能且条件允许，应尽量在现场处理问题。

对'现场'一词的理解可分为地理角度（当地）和组织角度（分散化）。当然，可能只有在其他指导方针（例如，其他企业经营宗旨、内部程序规则、行政规章、竞争力等）的背景下，才适用这一原则。辅助性原则具有以下优点：快速、更接近问题、更好的决策。"

专业烹饪系统的全球领导者莱欣诺也有类似的理念："我们鼓励每个员工在公司中扮演独立企业家的角色——以奉献精神、责任感和整个公司的利益为宗旨工作。这种理念应该是正确的，因为我们89%的员工为在莱欣诺公司工作而感到自豪。"[12]

隐形冠军的典型领导风格在基本价值观上是专制的，但在执行细节上是自由的。这种领导风格在军队中被称为"任务导向型领导体制"，只有当执行的自由度与足够的能力和对结果的明确责任相匹配时，才能发挥作用[13]。雷诺德·伍尔特说道："成功越大，自由度越大。"权力下放和问责制/责任制是密不可分的，我在许多隐形冠军中发现了这种类型的领导风格。

新游戏：员工与领导者

员工的积极性和高度忠诚、对使命的认同、专注的决心、勇气和毅力，以及领导者的激励能力，这些都是隐形冠军不应该改变的基本优势。由于人才短缺，留住员工变得更加重要，因此公司必须不惜一切代价捍卫低离职率。

在员工资质、人才招聘和人才发展方面，游戏规则已经改变。公司必须更持续、更迅速地提供更高的资质机会，以跟上越来越快的变化，这也需要对继续教育进行更多的投资。隐形冠军们还必须在多样性和包容性方面迎头赶上，它们必须吸引更多的国际顶尖人才，只有这样，才能成功实现向更国际化和多元化管理团队的过渡。它们还需要增加家庭成员以外的女性担任最高行政职务的机会。然而，科学和工程领域女性毕业生的缺乏是一个严重的制约条件。

以任务为导向的领导体制对目标和基本价值观有明确的规定，但执行的自由度很大，这是隐形冠军的显著优势。无论公司的规模如何扩大，都应该不惜一切代价地保留这种领导体制，当然这种领导体制也要求员工具备较高的资质和责任感。

参考文献

1. Retrieved from https://impeller.net/magazin/50-jahre-busch-vakuumpumpen-und-systeme/?lang=de.
2. Helmig, L. (2019). *Betrachtungen 2019* (p. 170). Munich: Selbstverlag.
3. Rammer, C., & Spielkamp, A. (2019). The distinct features of hidden champions in Germany: A dynamic capabilities view. *ZEW Discussion Papers, No. 19-012*, ZEW - Leibniz-Zentrum für Europäische Wirtschaftsforschung, Mannheim, Germany.
4. Mattmüller, R., & Rinke, L. (2020). Anziehendes Investment. *Return–Magazin für Transformation und Turnaround, 2*, 58–59.
5. Lazarow, A. (2020). Beyond silicon valley: How start-ups succeed in unlikely places. *Harvard Business Review*, pp. 126–133.
6. N.A. (2020, October 22). Blackstone pushes for diversity. *Wall Street Journal*.
7. Kormann, H. (2006, November 2006). Gibt es so etwas wie typisch mittelständische Strategien? *Diskussionspapier Nr. 54*, Universität Leipzig, Wirtschaftswissenschaftliche Fakultät.
8. Collins, J. C., & Porras, J. I. (1994). *Built to last—Successful habits of visionary companies*. New York: Harper Collins.
9. Retrieved 2020, from https://www.msn.com/de-de/finanzen/top-stories/studie-zeigt-so-wird-man-vorstandschef/ar-BB18UMVV?li=BBqfP3q.

10. Includes companies listed in DAX, MDAX, and SDAX. Retrieved 2020, from https://boerse.ard.de/aktien/zu-wenig-frauen-in-deutschen-fuehrungseta-gen100.html.
11. Retrieved December 8, 2020, from https://dienews.net/aktuelles/2020/12/top-500-familienunternehmen-frauenquote-sehr-niedrig/.
12. Retrieved from https://career.rational-online.com/en_au/career/thats_us_1/working_at_rational_2/company_philosophy_1/page_normal_47.php.
13. van Creveld, M. (2007). *Fighting power: German and U.S. Army Performance 1939–1945*. Westport (CT): Greenwood Press.

第28章

隐形冠军的未来

几乎没有哪个时代会同时出现如此多的颠覆性趋势。2008～2010年的经济大萧条以及新冠疫情导致货币供给和国债大幅增加；利率、移民、人口结构、数字化和自动化、气候变化、电动汽车和可持续性都对现有商业模式提出了挑战，并将影响新游戏的规则。

错综复杂的趋势让未来更加不确定，隐形冠军的未来也不例外。我研究隐形冠军30多年，最开始我无法想象这些公司在接下来的30年里会取得何种进步。许多公司在销售额和员工数量方面增长了20~30倍，成了真正的跨国公司。

属于隐形冠军的辉煌时代已经到头了吗？还是仍在继续？

现在没有可靠的依据对未来30年（即2050年）进行预测，因此本章讨论的内容限于未来10～15年——即使在这个时间范围内，仍有很多不确定性。

尽管如此，我们仍可以看出隐形冠军未来的大致情况。与前几本书结尾处几乎完全正向的预测相比，在本章我对未来的展望多了一些不甚乐观的看法，也多了一点怀疑的态度。一方面，对某些行业的很多隐形冠军来说，一些发展趋势对它们相当不利；另一方面，一些新的发展趋势又为那些迅速提出创新解决方案并适应新游戏规则的隐形冠军创造了巨大的机会。

夕阳产业

夕阳产业包括"任何发展前景渺茫的行业"[1]，或者说"夕阳产业是一个已经过了巅峰时期的、处于衰退期的行业"[2]。在德国，采矿、钢铁和造船业一直是夕阳产业。电动汽车和可再生能源等新行业的发展已使得德国核心竞争力领域进入夕阳产业，而许多隐形冠军都活跃在这些领域。

在我之前的调查中，只有 1% 的隐形冠军担心自己会跌入产品生命周期的衰退阶段[3]。如今，我估计这个比例为 5%~10%。主要从事内燃机和变速器行业的公司和员工的未来会怎样？梅赛德斯（Mercedes）约有 19 000 名员工从事内燃机的开发和生产。不只是大公司，小公司和隐形冠军里面的工作岗位也岌岌可危。埃贝赫（Eberspächer，排气技术、辅助加热、发动机管理）、曼胡默尔（Mann+Hummel，过滤器）、爱尔铃克铃尔（气缸盖垫片）或马勒（Mahle，活塞）等公司的销售额与内燃机高度相关，其中，马勒"是整个行业受到威胁的典型代表"[4]。同样受到影响的还有主要从事内燃机研发的工程公司，包括拥有 5 800 名员工的 FEV 公司、拥有 8 200 名员工的爱达克公司（EDAG）、拥有 11 500 名员工的奥地利李斯特内燃机及测试设备公司（AVL List），以及对汽车依赖程度稍低的 Ferchau 工程公司。

虽然燃烧技术不会突然消失，但无论未来是以电力推进还是氢推进为主，燃烧技术的衰落似乎都不可避免。问题关键在于受影响的隐形冠军能否成功地在新应用和行业中创造增长和就业机会，提升必要的能力以及做出适销对路的创新。时机很重要：市场变化的速度有多快？成本有多高？需要多长时间才能适应？过滤器领域隐形冠军曼胡默尔公司的副主席埃迈谢·魏森巴赫尔（Emese Weissenbacher）称汽车行业的变化"太快且太昂贵"[5]。

许多处于夕阳产业的隐形冠军已经感受到了挑战，且正在采取行动：气缸盖垫片的全球市场领导者爱尔铃克铃尔的首席执行官斯特凡·沃尔夫（Stefan Wolf）将电池和燃料电池技术视为公司的未来领域；爱尔铃克铃尔已经研发出使用氢燃料电池的产品，其质子交换膜燃料电池在实验台和现场测试中均表现出了极好的性能和耐久性；爱尔铃克铃尔与法国汽车供应商彼欧（Plastic Omnium）合资成立的 Ekpo 燃料电池技术公司旨在成为全球市场领导者，到 2030 年销售额达到 10 亿欧元[6]；爱尔铃克铃尔还与空客合办了一家生产氢动力飞机的企业，计划在 2035 年试飞[7]；曼胡默尔公司也将其过滤技术转移到电池、燃料电池、发电和空气净化的过滤器上。

汽车行业的转型不但会对零部件供应商造成影响，也会影响整个价值链。比如，对活塞、曲轴和齿轮的需求越少，那制造这些产品所需的机器也就越少。不知道其他行业（如飞机行业）将来是否会出现类似的情况，但不排除这种可能性。

实事求是地说，并非所有夕阳产业的隐形冠军都能够应对这种变化，并在新市场中建立领先地位。一位评论家指出："这叫作转型。事实上，德国的许多汽车供应商都在努力存活下来。研究预测，到2030年，该行业可能1/4的工作岗位会消失。"[4] 在未来几年，夕阳产业中隐形冠军的数量很可能会减少，并且由于相当多德语国家的隐形冠军都活跃在这些领域，德语区隐形冠军占全球隐形冠军的比例也有可能下降。

朝阳产业

夕阳产业与朝阳产业之间的动态变化并不是什么新鲜事，只要朝阳产业能取代衰落行业去创造就业机会和财富，这种动态变化就是可持续的。"朝阳产业是一个新的或相对较新、发展迅速、预期会越来越重要的行业。"[8] 朝阳产业的公司可以在多大程度上弥补夕阳产业中衰落的隐形冠军所造成的损失？它们能否促进经济增长、创造就业机会？朝阳产业中是否有足够多的隐形冠军以及潜在的隐形冠军？如表28-1所示，德国有一定数量的独角兽公司，即市值超过10亿欧元的年轻公司⊖。

⊖ 2020年10月29日的调查数据。一些公司，如一号汽车旅馆或FlixBus由于受到疫情影响，数据可能针对更早的日期。

表 28-1　德国独角兽公司

公司名称	业务范围	市值（2021 年 4 月 3 日）（10 亿欧元）
Delivery Hero	餐饮外卖	21.7
Zalando	服装零售	21.0
Biotech	个体化抗癌药物治疗	19.0
CureVac	药品、疫苗	12.7
Celonis	流程优化软件	11.0
Hello Fresh	餐饮外卖	10.5
Auto 1	网上二手车交易	9.2
TeamViewer	远程控制软件	9.0
Scout 24	数字市场平台	6.4
Trade Republic	网络券商经纪服务平台	5.0
N 26	网上银行	2.9
Otto Bock Healthcare	穿戴式人体仿生学技术	2.9
Rocket Internet	数字化投资	2.6
FlixBus	长途客车网络	1.9
NuCom Group	各类在线平台	1.8
Get you guide	在线市场	1.5
一号汽车旅馆	酒店住宿	1.5
Check 24	网购比价	1.5
RIB Software	建筑软件	1.4
Mambu	银行软件	1.4
Personio	HR 软件	1.4
Xing	职业网络	1.3
About You	服装零售	1.0
Omio	行程对比	1.0

　　上表中的部分公司市值惊人。德国独角兽公司只有 20 多家，与之相比，中国有 203 家，美国有 195 家[9]。此外，许多中国和美国的独角兽公司的市值要高得多。全球十大最有价值独角兽公司的平均市值为387 亿美元。网上银行 N26 是德国最成功的金融科技独角兽，但在国际未上市金融科技公司中仅排在第 19 位[10]。

德国（或欧洲）的局限不在于缺乏创新，而在于扩大规模。虽然并非没有希望，但情况也不容乐观。ARM 是智能手机芯片设计领域的准垄断者，在全球占有 95% 的市场份额，其创始人赫尔曼·豪泽（Hermann Hauser）说："事实上，欧洲的软件工程师比美国多，初创公司也更多。我们的问题是规模。我们不缺人才，我们缺的是快速发展这些公司的资金和管理技术。"[11] 硅谷风险投资家诺曼·哈克（Nooman Haque）对此表示赞同："德国在发明新技术和新疗法方面一直令人惊叹，但与英国或美国相比，德国风险投资环境较差，因此面临的挑战更大。"[12]

众所周知，欧洲在人工智能基础研究方面一直处于领先地位。提出长短期记忆（LSTM）的于尔根·施密德胡伯教授说："几乎所有关于人工智能和深度学习的基础工作都是欧洲人做的。"[13] 但欧洲在快速实施方面存在很多不足，而且很少在重大市场上取得成功。对德国和欧洲其他地区的初创公司来说，真正需要的是在以消费者为导向的大型数字市场中更快、更强有力地扩张。但如果这些市场只有少数几个德国和欧洲其他地区的隐形冠军，这种情况发生的可能性就很低了。在欧洲，公司的市值不太可能超过 10 亿欧元，尤其是在边际成本较低、以规模取胜的数字产品消费市场。

我更看好工业 B2B 业务的前景。它们都是利基业务，国际化并不涉及在短时间内获得数百万名客户。很多朝阳产业其实是正在转型的成熟行业，在这些行业中，隐形冠军已经根深蒂固。比如隧道，公路和基础设施的改造与建设，铁路系统（传统铁路，也包括磁悬浮或超级高铁等新技术），建筑的能源改造和绝缘材料，能源运输（如超导线路），医疗技术、新型材料等。朝阳产业还包括自动化、机器人、增材制造和人工智能等工业领域的应用。未来想在工业朝阳产业取得成功的前提是要对客户流程、创新的理念以及敏捷性进行深入了解——隐形冠军已经证明了它们在这些方面的能力，并有望继续保持。

我认为可持续性是隐形冠军的巨大机遇。在最终产品层面上，可持续产品的成功取决于政府规范和消费者行为，而欧洲相对严格的规定迫使欧洲公司发挥先锋作用。如果可持续产品在质量和价格上都占有优势，消费者就会接受。因此，可持续性在很大程度上取决于价值链的上游阶段，包括原材料采购、制造过程和物流运输。在价值链的下游，回收、再制造和循环经济等领域发挥着重要作用。再次强调，这些都是隐形冠军擅长的领域，这意味着它们将来有非常好的发展机会。

优势维持

随着业务的持续增长、规模的扩大和复杂性的增加，隐形冠军能否保持专注、贴近客户、敏捷度和员工忠诚等传统优势？

普旭真空泵公司的联合首席执行官艾拉·普旭沉思道："随着公司的成功和快速增长，问题在于如何保持与员工和其他利益相关者的关系。我们如何保持积极和相互信任的文化？我们如何在逐步成为一个大型却不知名的公司中保障结构和过程的有效组织？我们如何保持敏捷性，贴近客户和市场？我们如何脚踏实地继续为成功而奋斗？这些都是很难回答的问题。一家公司会变得过大吗？以牺牲敏捷性为代价来发展有意义吗？"这是每一家隐形冠军和每一家中型公司在持续发展过程中必须问自己的问题。答案并不简单，但我们有各种实用的指导方针和新游戏的规则。

专业化

隐形冠军的未来有两个关键的成功因素：第一个是它们所在市场的持续增长，第二个是它们在这些市场上的竞争力。我认为高度的专业化和深厚的专业知识是它们竞争力的来源。这种极其细致且深入的专业知识使新的竞争者很难进入隐形冠军所在的市场并取得成功。不过，隐形冠军能否长期保持在竞争中的领先地位，这取决于研发投资和技术饱和度。如果一项技术达到饱和点，研发效率下降，竞争对手就有机会赶上来。当性能提升被竞争对手的价格优势抵消时，这可能是一种危险信号。如果无法保持原有的性能差距，则必须通过迁址或自动化来降低生产成本。原则上，由于隐形冠军的全球影响力和技术能力，这两种选择都是可行的。

位置选择

位置选择对于隐形冠军的未来至关重要。政治格局在这方面发挥着重要作用。一般来说，每项活动都应该在世界上能够最好地开展这项活动的地方进行，这可能代表着根本性的转变，因为这意味着公司可能不得不脱离当地或本国的根基。不过这并不可怕，许多隐形冠军已经同时做到本土

化和全球化了。它们证明，本土化和全球化并非相互排斥，事实上可以实现兼容。"全球化"部分的比例将继续增加，包括整条价值链的更多部分。本土化甚至意味着拥有三个总部（美国、中国和欧盟），而这三个总部在符合公司法的情况下并不相互干涉，正如威乐和西蒙顾和那样。

隐形冠军的未来将由美国、中国和欧盟组成的全球三大经济体决定。无论是作为目标市场，还是作为新竞争对手的出处，中国都需要得到隐形冠军的高度关注，但不是说亚洲、非洲或拉丁美洲的其他地区不重要，只是这些地区不会决定谁是全球市场的领导者。当然，隐形冠军在本土市场的领导地位是必需的，对欧洲隐形冠军来说，在美国和中国获取强大市场地位对于主导市场也至关重要。同样，美国和中国的隐形冠军也必须在其他市场上表现出色。

到 2030 年，能在所有上述市场中都站稳脚跟的隐形冠军将会成功，这种成功更多来自直接投资而不是出口。由此，未来 10 年外商直接投资将流向何处显而易见。在我看来，为了实现国际化，增值的区域分布应该取代销售的区域分布。区位结构的转变不一定会对德国和欧洲其他国家产生负面影响。一方面，直接投资和就业机会将从德国和欧洲等国转移到其他地区。另一方面，直接投资和就业机会也正从其他地区流向欧洲。如今，美国公司在欧洲雇用了 490 万人，比 2000 年增加了 1/3。[14]而中国的这一进程才刚刚开始。根据中国国际投资促进会的数据，在过去两年中，中国的新建工厂投资在德国创造了 7 300 个新的就业机会⊖。这一数字可能在未来几年显著上升。

⊖ 包括对工厂、研发中心、销售办事处和服务点的投资。2020 年 10 月 22 日，法兰克福，来自中国国际投资促进会的邮件。

资本

资本和资本市场对隐形冠军的未来越来越重要。直到最近，隐形冠军仍然以家族企业为主，它们的扩张资金主要来自自身的现金流。虽然在市场稳步增长的情况下，这是一个明智的选择，但这种"缓慢"融资阻碍了企业的快速增长和生产规模的扩大，对这些企业而言，在生命周期的早期占据领先的市场地位至关重要。

中国隐形冠军企业上市的时间要早得多，它们筹集了大量用于增长和创新的资金。同样，在美国，风险投资或 IPO 为初创公司和扩张中的公司筹集的资金也远远超过欧洲，这就是许多欧洲公司更喜欢在纽约上市的原因。除非欧洲能够克服资本瓶颈，否则就算许多创业公司有出色的技术，也不会成为隐形冠军。人们有理由怀疑欧洲资本市场能否迎头赶上，以及许多隐形冠军的所有者能否正确评估未来资本市场的重要性。我担心的是，相当多的人要么不理解新游戏中资本市场的规则，要么需要太多时间来理解它们。

世界公民

全球化将会变化，但不会停止。要想保持在全球市场上的领导者地位，就要成为世界公民，所有的新游戏规则都指向这个方向。从出口到直接投资的转变意味着更多的工人将不在国内市场就业。未来的隐形冠军将不再从总部外派人员去各个国家领导当地企业，而是交给来自不同国家的高管领导，他们在共享企业文化的基础上顺利合作。

数字化使跨空间、国家和文化边界的通信得以实现并标准化。可持续性发展克服了国家或种族不平等，以气候为例，无论如何都要在全球范围内实现气候治理。从长远来看，隐形冠军及其团队的领导者必须成为世界公民。要想成为一个领域的佼佼者，就需要吸引和留住来自世界各地的顶尖人才。足球、篮球或曲棍球的每一家顶级联赛俱乐部都信奉这句格言。为什么不把这样的思维模式应用于顶级公司呢？

我们讨论了隐形冠军在招聘方面的优势和劣势，以区域为重点的建议也适用于国外。将招聘重点放在吸引地区性人才以及与特定的教育机构合作上是一个好的方式，能够满足这些条件的隐形冠军在人才获取上应该就不会出什么问题。现在德国和欧洲在全球人才竞争中越来越有吸引力，我希望隐形冠军能够明智地继续推行审慎政策，以提高其吸引力。

金钱或名誉

当家族企业的接班人问题无法在内部解决时，金钱或名誉就成了一个敏感的选择。主要的替代方案有出售公司、进行 IPO 或成立基金会。公司可以卖给永久持有股份的战略投资者，或者卖给会在几年后出售股份或将公司上市的私募股权公司。通常而言，出售公司是变现最多且最快的选择，但这也意味着公司会面临一个不确定的未来，经过几手转卖，可能会让公司面临失去其独立性和身份的风险。在某种程度上，公司创始人或其后代将为了金钱牺牲其隐形冠军的地位。我没有点到任何人的名字，但下面的故事可以解释为什么每当这种事情发生时，我都感到深深的遗憾。一位发明家和创始人很早就通过自己的努力成了欧洲市场的领导者，他在欧洲、美国、巴西和中国四国拥有的六家工厂雇用了1000多名员工。这位企业家在他的自传中描述了那笔利润非常丰厚的交易："出价最高的一家北欧集团赢得了竞标。对我来说，由此带来的协同效应和巨大市场份额是达成交易的决定性因素：这是开拓新市场的机会，还有了足够的资本进一步发展和创新！这种双赢的局面让我非常放心，因为我现在看到毕生心血都得到了妥善的照管。"但几年后，收购方自身也被接管了。这家前隐形冠军被移交给了一个中欧集团，该集团在六年后关闭了原来的工厂，这家前隐形冠军就只剩下一个品牌了。

20年后，这位创始人写信给我说，卖掉公司是他一生中最大的错误。他在自传写道："赫尔曼·西蒙教授在他的书中把我的公司列为德国隐形冠军之一，他当时不理解我卖掉公司的决定。"我确实不明白他怎么能放弃自己毕生的事业。当听到格罗曼工程公司更名为特斯拉自动化公司的消息时，我试着站在创始人的立场上体会他可能的情绪，但仍然无法理解。对我来说，最重要的就是保持西蒙顾和作为一家公司的独立性。我想劝告隐形冠军的老板们，从长远来看，应该保持他们"孩子"的独立性和声誉，而不是贪图快钱。

新游戏

与我之前的书相比，我在本章所描绘的隐形冠军的未来图景比我以前的书更复杂，也更令人捉摸不透。不是因为新冠疫情的暴发，而是因为几个长期的决定性因素正在创造新游戏。

并非所有夕阳产业的隐形冠军都能实现所需的转变。不少企业将失去市场领导地位，甚至彻底破产。但在德国和欧洲，可能取代它们成为全球市场领导者的朝阳产业中的企业并不多。这主要不是由于缺乏创新或初创企业，而是因为那些企业在规模扩大方面存在明显的弱点。这种弱点源于资本获取的瓶颈、欧洲市场的分散化以及创业赤字。老牌隐形冠军企业的业务正在向朝阳产业拓展，它们能够捍卫自己的领先地位，并继续增长。不过要实现这一点，它们必须保持高度的创新，并遵守本书中描述的新游戏规则。

高度的专业化和深厚的专业知识是对抗新的竞争者的有力武器，不过，这是需要努力维持的。如果做不到这点，隐形冠军必须搬迁到更有成本效益的地方或进行自动化生产来降低成本。位置的选择一定不能受传统偏好的影响，而应该选择最适合开展业务的地点。资本市场也越来越重要，尤其是对研发密集型和快速增长的企业而言。另外，家族企业应该打消关于上市的疑虑。同时，新型的全球化要求并鼓励领导者及其团队成为世界公民。

参考文献

1. Retrieved from https://www.collinsdictionary.com/de/worterbuch/englisch/sunset-industry.
2. Retrieved from https://en.wikipedia.org/wiki/Sunset_industry.
3. Simon, H. (2012). *Hidden Champions—Aufbruch nach Globalia* (p. 256). Frankfurt: Campus.
4. Hucko, M. (2020). Kolbenfresser. *Manager-Magazin*, pp. 78–82.
5. Appel, H. (2020, October 20). Und jetzt ausgeliefert? *Frankfurter Allgemeine Zeitung*, p. T1.
6. N.A. (2020, October 30). Deutsch-französische Wasserstoff-Kooperation.

Frankfurter Allgemeine Zeitung, p. 25.

7. Retrieved from https://boerse.ard.de/aktien/brennstoffzelle-airbus-elringklinger-kooperieren100.html.

8. Retrieved from https://en.wikipedia.org/wiki/Sunrise_industry.

9. Retrieved from https://www.crunchbase.com/hub/united-states-unicorn-startups, https://www.statista.com/statistics/897674/china-unicorn-company-distribution-by-sector/.

10. Retrieved November 6, 2020, from https://www.cbinsights.com/research/fintech-unicorns-q1-20/#:~:text=The%20top%2Dfunded%20fintech%20unicorns,%2Dbased%20Ripple%20(%2410B).

11. N.A. (2020, October 26). Die Übernahme wird scheitern. Interview with Hermann Hauser, *Frankfurter Allgemeine Zeitung*, p. 21.

12. Retrieved from https://scrip.pharmaintelligence.informa.com/SC143289/COVID-19-Vaccine-Results-A-Breakthrough-Moment-For-BioNTech.

13. N.A. (2018, Oktober 4). Interview with Jürgen Schmidhuber, Auf die Zukunft, Magazin zum Innovationstag. *Frankfurter Allgemeine Zeitung*–Beilage, pp. 12–14.

14. Hamilton, D. S., & Quinland, J. P. (2020). *The Transatlantic Economy 2020, Annual Survey of Jobs, Trade and Investment between the United States and Europe* (p. 17). Johns Hopkins University, Paul H. Nitze School for Advanced International Studies.

推荐阅读

"隐形冠军之父"赫尔曼·西蒙著作

隐形冠军：未来全球化的先锋（原书第 2 版）
ISBN：978-7-111-63479-9
定价：99.00 元
作者：[德] 赫尔曼·西蒙（Hermann Simon）
　　　[德] 杨一安

全球化之旅：隐形冠军之父的传奇人生
ISBN：978-7-111-68111-3
定价：89.00 元
作者：[德] 赫尔曼·西蒙（Hermann Simon）

定价制胜：大师的定价经验与实践之路
ISBN：978-7-111-56469-0
定价：59.00 元
作者：[德] 赫尔曼·西蒙（Hermann Simon）

价格管理：理论与实践
ISBN：978-7-111-68063-5
定价：89.00 元
作者：[德] 赫尔曼·西蒙（Hermann Simon）
　　　[德] 马丁·法斯纳赫特（Martin Fassnacht）

精益思想丛书

ISBN	书名	作者
978-7-111-49467-6	改变世界的机器：精益生产之道	詹姆斯 P. 沃麦克 等
978-7-111-51071-0	精益思想（白金版）	詹姆斯 P. 沃麦克 等
978-7-111-54695-5	精益服务解决方案：公司与顾客共创价值与财富（白金版）	詹姆斯 P. 沃麦克 等
7-111-20316-X	精益之道	约翰·德鲁 等
978-7-111-55756-2	六西格玛管理法：世界顶级企业追求卓越之道（原书第2版）	彼得 S. 潘迪 等
978-7-111-51070-3	金矿：精益管理 挖掘利润（珍藏版）	迈克尔·伯乐 等
978-7-111-51073-4	金矿Ⅱ:精益管理者的成长（珍藏版）	迈克尔·伯乐 等
978-7-111-50340-8	金矿Ⅲ：精益领导者的软实力	迈克尔·伯乐 等
978-7-111-51269-1	丰田生产的会计思维	田中正知
978-7-111-52372-7	丰田模式：精益制造的14项管理原则（珍藏版）	杰弗瑞·莱克
978-7-111-54563-7	学习型管理：培养领导团队的A3管理方法（珍藏版）	约翰·舒克 等
978-7-111-55404-2	学习观察：通过价值流图创造价值、消除浪费（珍藏版）	迈克·鲁斯 等
978-7-111-54395-4	现场改善：低成本管理方法的常识（原书第2版）（珍藏版）	今井正明
978-7-111-55938-2	改善（珍藏版）	今井正明
978-7-111-54933-8	大野耐一的现场管理（白金版）	大野耐一
978-7-111-53100-5	丰田模式（实践手册篇）：实施丰田4P的实践指南	杰弗瑞·莱克 等
978-7-111-53034-3	丰田人才精益模式	杰弗瑞·莱克 等
978-7-111-52808-1	丰田文化：复制丰田DNA的核心关键（珍藏版)	杰弗瑞·莱克 等
978-7-111-53172-2	精益工具箱（原书第4版）	约翰·比切诺等
978-7-111-32490-4	丰田套路：转变我们对领导力与管理的认知	迈克·鲁斯
978-7-111-58573-2	精益医院：世界最佳医院管理实践（原书第3版）	马克·格雷班
978-7-111-46607-9	精益医疗实践：用价值流创建患者期待的服务体验	朱迪·沃思 等

推荐阅读

金矿：精益管理 挖掘利润（珍藏版）

作者：[法] 弗雷迪·伯乐 迈克·伯乐 ISBN：978-7-111-51070-3

本书最值得称道之处是采用了小说的形式，让人读来非常轻松有趣，以至书中提及的操作方法，使人读后忍不住想动手一试

《金矿》描述一家濒临破产的企业如何转亏为盈。这家企业既拥有技术优势，又拥有市场优势，但它却陷入了财务困境。危难之际，经验丰富的精益专家帮助企业建立起一套有竞争力的生产运作系统，通过不断地改善，消除浪费，大幅度提高了生产效率和质量，库存很快转变为流动资金。

金矿 II：精益管理者的成长（珍藏版）

作者：[法] 迈克·伯乐 弗雷迪·伯乐 ISBN：978-7-111-51073-4

在这本《金矿》续集中，作者用一个生动的故事阐述精益实践中最具挑战的一项工作：如何让管理层和团队一起学习，不断进步

本书以小说形式讲述主人公由"追求短期效益、注重精益工具应用"到逐渐明白"精益是学习改善，不断进步"的故事。与前一本书相比，本书更侧重于人的问题，体会公司总裁、工厂经理、班组长、操作员工以及公司里各个不同层级与部门的人们，在公司通过实施精益变革进行自救的过程中，在传统与精益的两种不同管理方式下，经受的煎熬与成长。这个过程教育读者，精益远不止是一些方法、工具的应用，更是观念和管理方式的彻底转变。

金矿 III：精益领导者的软实力

作者：[法] 迈克·伯乐 弗雷迪·伯乐 ISBN：978-7-111-50340-8

本书揭示了如何持续精益的秘密：那就是培养员工执行精益工具和方法，并在这个过程中打造企业的可持续竞争优势——持续改善的企业文化

今天，越来越多的企业已经开始认识并努力地实施精益，这几乎成为一种趋势。不过大多数实践者只看到它严格关注流程以及制造高质量产品和服务的硬实力，少有人理解到精益的软实力。本书如同一场及时雨，为我们带来了精辟的解说。